AF411274

ÉCOLE ANGLAISE,

RECUEIL

DE TABLEAUX, STATUES ET BAS-RELIEFS

des plus célèbres Artistes anglais,

DEPUIS LE TEMPS D'HOGARTH JUSQU'A NOS JOURS,

Gravé à l'eau-forte sur acier;

ACCOMPAGNÉ

DE NOTICES DESCRIPTIVES ET HISTORIQUES,

EN FRANÇAIS ET EN ANGLAIS,

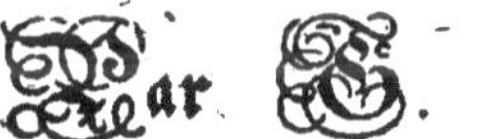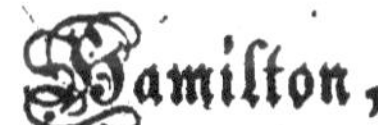

Par E. Hamilton,

et publié sous sa direction.

2ᵉ Livraison.

A PARIS.

CHEZ M. HAMILTON, GRANDE RUE DES BATIGNOLLES, Nᵒ. 9,

PRÈS LA BARRIÈRE DE CLICHY;

CHEZ AUDOT, LIBRAIRE, RUE DU PAON, Nᵒ. 8;

Et A LA LIBRAIRIE ÉTRANGÈRE, RUE NEUVE-S.-AUGUSTIN, Nᵒ. 55.

1831.

Imprimerie et fonderie de Fain, rue Racine, nᵒ. 4.

ÉCOLE
ANGLAISE,

RECUEIL

DE TABLEAUX, STATUES ET BAS-RELIEFS

des plus célèbres Artistes anglais,

DEPUIS LE TEMPS D'HOGARTH JUSQU'A NOS JOURS,

Gravé à l'eau-forte sur acier;

ACCOMPAGNÉ

DE NOTICES DESCRIPTIVES ET HISTORIQUES,

EN FRANÇAIS ET EN ANGLAIS,

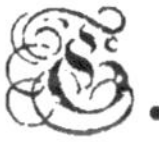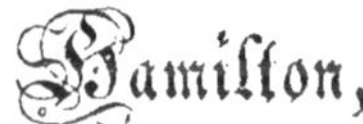

et publié sous sa direction.

Vol. 3.

A PARIS,

Chez M. HAMILTON, GRANDE RUE DES BATIGNOLLES, N°. 9,
PRÈS LA BARRIÈRE DE CLICHY ;
Chez AUDOT, LIBRAIRE, RUE DU PAON, N°. 8 ;
ET A LA LIBRAIRIE ÉTRANGÈRE, RUE NEUVE-S.-AUGUSTIN, N°. 55.
1832.

PARIS. — IMPRIMERIE ET FONDERIE DE FAIN,
Rue Racine, n°. 4, place de l'Odéon.

THE

ENGLISH SCHOOL

A SERIES OF

THE MOST APPROVED PRODUCTIONS

IN

PAINTING AND SCULPTURE,

Executed by British Artists

FROM THE DAYS OF HOGARTH TO THE PRESENT TIME;

SELECTED, ARRANGED, AND ACCOMPANIED WITH DESCRIPTIVE AND
EXPLANATORY NOTICES IN ENGLISH AND FRENCH,

By E. Hamilton.

Engraved in Outline upon Steel.

Vol. 3.

LONDON,

CHARLES TILT, 86, FLEET STREET.

1832.

PARIS. — PRINTED BY FAIN,
Rue Racine, n°. 4, place de l'Odéon.

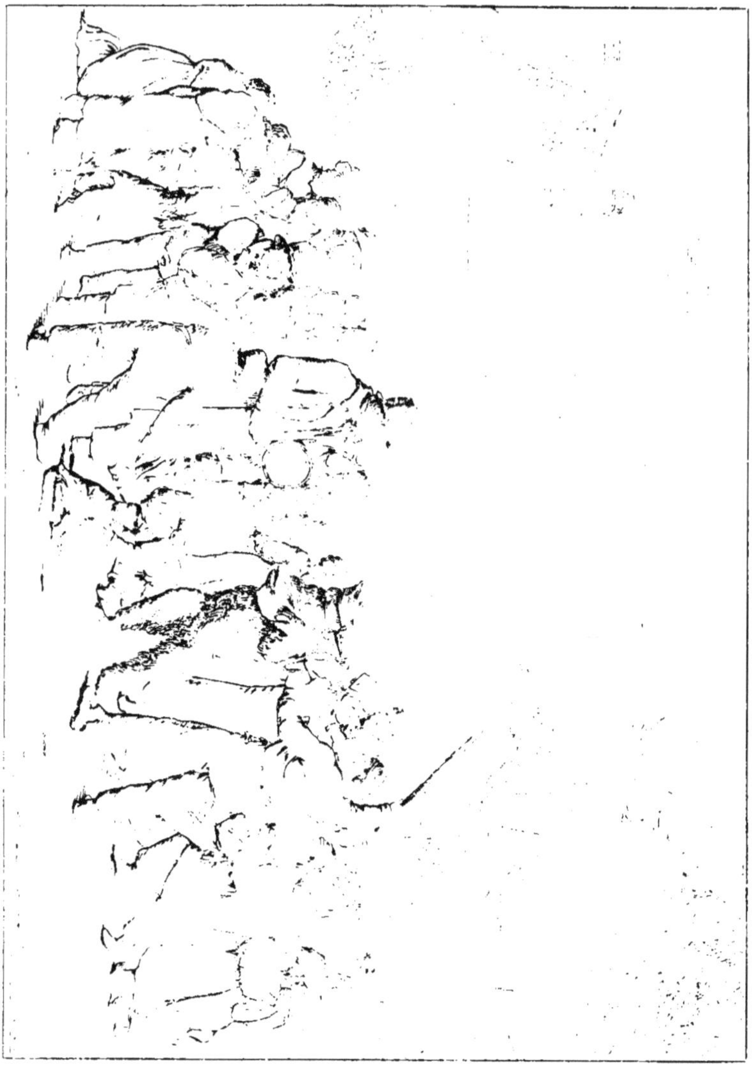

LA DANSE DE L'OURS.

Le héros de cette composition est un voyageur étranger, dont le nom est connu dans l'astronomie, qui, sous la conduite de personnes intéressées à son bien-être, vient d'arriver dans une campagne éloignée de la capitale. La nouveauté de sa présence a attiré autour de lui un cercle nombreux; on le voit au milieu de cette foule qui l'admire balançant sa tête avec une grâce toute particulière. La patience tout-à-fait complaisante qu'il met dans ses exercices captive entièrement l'admiration des spectateurs, et leur démontre d'une manière incontestable les avantages que l'on peut tirer d'une éducation bien faite, d'une bonne discipline et des voyages; moyens dont l'influence est si puissante sur de tels voyageurs, et leur fait observer cette règle générale qu'il faut tout supporter sans se plaindre.

Cette scène plaisante est traitée avec beaucoup d'habileté et peinte avec un grand soin. Ce tableau a été gravé par H. Meyer.

THE DANCING BEAR.

The hero of this composition is a travelled foreigner of astronomical notoriety, who, under the guidance of certain persons interested in his welfare, has penetrated into the country remote from the metropolis. The novelty of his presence has attracted a numerous circle around him, he is seen in the centre of the admiring throng, holding his levee with a gracious suavity of manner, and refined condescension of forbearance; which completely captivates the admiring by-standers by its unanswerable demonstration of the benefits derived from judicious education, discipline, and travel: the influence of which powerful combination on the band of travellers in question, is strikingly illustrative of their great leading principle and rule of conduct, *Bear and for-bear.*

This comic scene is treated with considerable ability, and is composed and painted with great care and attention. It has been engraved in the mixed style by H. Meyer.

FÊTE DE VILLAGE.

Le lieu de cette scène joyeuse et rustique est un cabaret de village rempli de peuple de tout sexe et de tout âge. Le centre est occupé par un groupe où s'est élevé une contestation plaisante entre une société de jeunes gens de village et la femme et la fille d'un paysan ; ces deux femmes viennent d'engager celui-ci à quitter leurs bruyans compagnons, tourmentées par leurs plaisanteries continuelles. L'expression des personnages qui composent ce groupe est rendue d'une manière admirable et peut être regardée comme un chef d'œuvre.

Les figures qui remplissent le reste de cette composition sont de celles qui ne manquent jamais d'attirer l'attention par la fidélité de leur naturel : à droite du tableau, une femme infirme vient réveiller son mari, jardinier ; à travers la porte du milieu le joueur de cornemuse vide un verre de bière, tandis qu'à gauche un homme regarde avec déplaisir sa bouteille vide.

Ce tableau a été peint en 1811, il fit partie de la galerie de M. J.-J. Angerstein. Après sa mort il fut acheté par le gouvernement anglais et orne maintenant la galerie nationale. Cette composition est animée et vraie, le clair-obscur en est large et naturel, la couleur est brillante, harmonieuse et facile, l'exécution soignée et touchée avec délicatesse.

2 pieds 11 pouces : sur 4 pieds.

THE VILLAGE HOLIDAY.

THE scene of this rustic merry-making is the public house of a village, and it is thronged above and below with holiday folks of both sexes and all ages. The principal group near the centre displays a ludicrous contest between a party of village bacchanalians and the wife and daughter of a jolly countryman; the females are successful in their endeavours to induce him to leave his riotous companions, despite of their reiterated and unmerciful jokes. The object of this dispute is painted in a most admirable manner and is a master piece of expression. Among the other personages the Gardener who his found asleep by his infirm wife on the right of the picture, the piper draining the glass, seen through the open window in front, and the man examining the bottle on the left, are incidents which never fail to attract attention from their humorous fidelity and truth to nature.

This picture was painted in 1811, and having become the property of John Julius Angerstein Esq. was, after his decease, included in the selection of pictures purchased of that gentleman's representatives by the British Government for the use of the Public; and is now in the National Gallery. Its conception is just and spirited, its light and shade broad and natural, and its tone of colour brillant, harmonious, and faithful; its execution being marked throughout with extraordinary care and delicacy of pencilling.

Size 3 feet 1 inch, by 4 feet 2 inches.

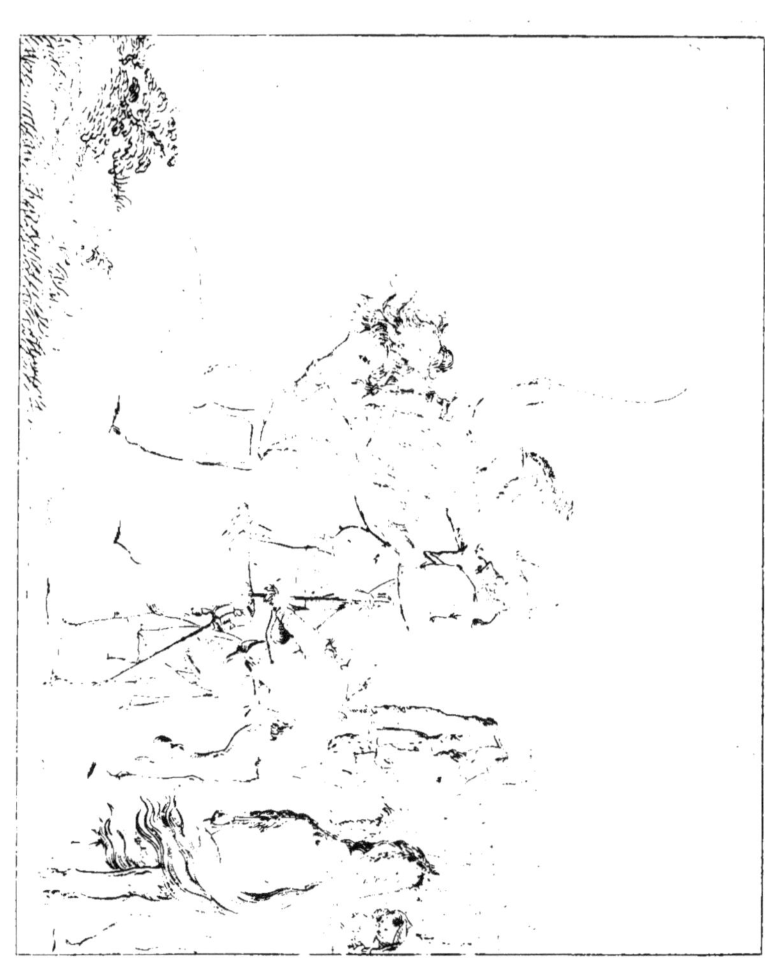

GEORGE III PASSANT UNE REVUE.

Cette composition peut être regardée comme une de celles dont la ressemblance des portraits est des plus frappantes. George III passe en revue deux régimens de cavalerie, l'un des deux est le 10e. de dragons légers, dont le prince de Galles, devenu depuis George IV, fut long-temps Colonel. Son Altesse est vue de profil à la droite de son père, commandant son régiment, dont il porte l'uniforme ; le Roi parle à son second fils, le duc d'York. L'officier âgé, que l'on voit à pied, est l'adjudant général, sir William Fawcett, dont les services militaires et la conduite sans reproche l'ont élevé du rang de soldat à l'un des plus hauts grades de l'armée. Derrière le duc d'York sont placés les généraux sir David Dundas et Goldsworthy, écuyer du roi.

Ce beau tableau fut exposé, en 1798, à l'Académie royale de Londres, et établit la réputation de son auteur, qui, la même année, reçut les honneurs de la chevalerie, et fut élu académicien. Il fait partie de la collection d'Hampton-Court, et a été bien gravé à la manière noire par W. Ward.

GEORGE III. ETC. AT A REVIEW.

This performance claims distinguished notice as among the most successful efforts of Portrait Painting. It represents George III. reviewing two regiments of cavalry, one of them being the Tenth Light Dragoons, of which corps the Prince of Wales, afterwards George IV., was for many years colonel. His Royal Highness, in the uniform of his regiment, is seen in profile on the right of his father in the act of giving the word of command; the King addresses his second son the late Duke of York. The aged officer on foot is the Adjutant General, Sir William Fawcett K. B, whose meritorious services and uniform good conduct raised him from the ranks to one of the highest posts in the British Army. Behind the duke of York are general sir David Dundas, and General Goldsworthy, the King's Equerry.

This noble picture was exhibited at the Royal Academy in 1798, and fully established the fame of its painter who received the honour of Knighthood and became Royal Academician Elect the same year. It forms part of the collection of pictures at the palace of Hampton-Court, and has been well engraved in mezzo-tinto by W. Ward.

THE FIRST AGE.

Tнıs picture is one of a series of seven, illustrative of Jacques's speech in Act. II, Scene VII, of Shakspeare's As you like it, painted for Boydell's Shakspeare Gallery.

> . . . . " All the world's a stage,
> And all the men and women merely players ;
> They have their exits and their entrances ;
> And one man in his time plays many parts ,
> His acts being seven ages. At first the infant
> Mewling and puking in the nurse's arms ; "

The composition and execution of these pictures materially enhanced the reputation of their painter , they are generally remarkable for their justness of conception, skilful design, mellow tones of colour, and careful finishing : they were exhibited at the Royal Academy in 1798, and , at the sale and dispersion of the Shakspeare Gallery, the Seven Ages were among the very few pictures which produced adequate prices. The First Age was engraved for the larger series of plates by P. W. Tomkins.

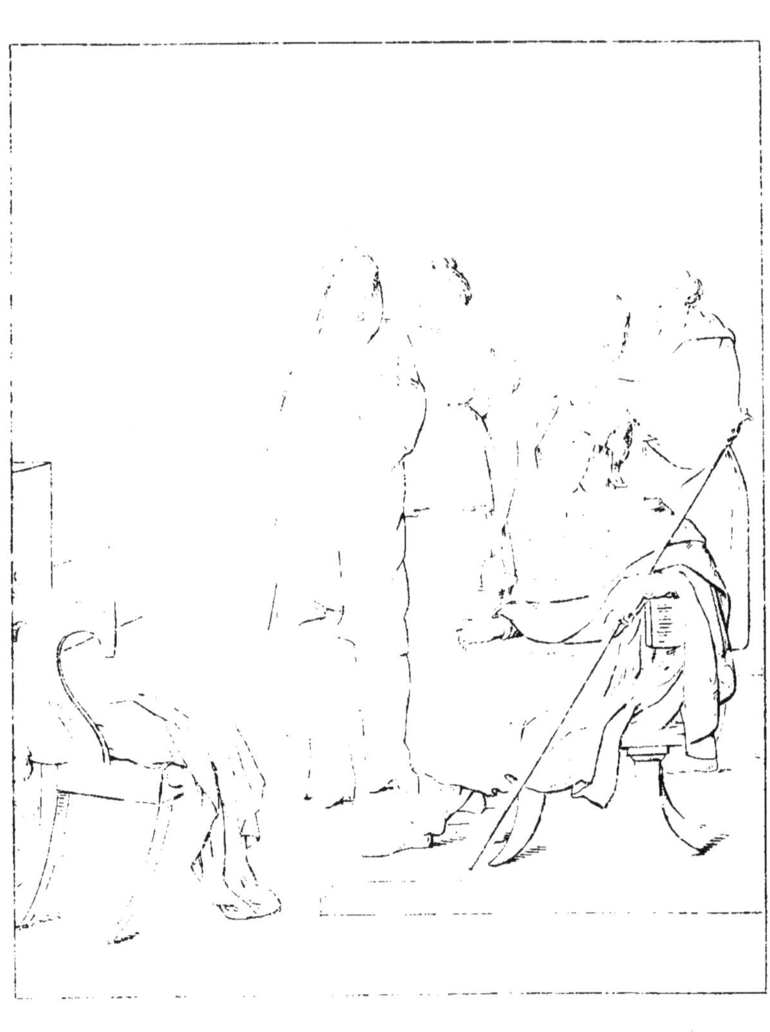

HÉLÈNE ET PRIAM.

Durant le fameux siège de Troie, un combat singulier avait été décidé entre Pâris et Ménélas. Iris, sous la figure de Laodicé, fille de Priam, avertit Hélène de se rendre aux murs de la ville pour être témoin d'une lutte dont le résultat doit être pour elle du plus haut intérêt. Elle est reçue avec amitié par Priam à qui elle nomme chacun des chefs de l'armée grecque.

« Couverte de voiles d'une blancheur éblouissante, Hélène se précipite hors du palais, versant des pleurs de tendresse : elle n'est point seule; Æthra et Clymène, deux de ses femmes, la suivent. Elles arrivent bientôt près des portes de Scée. Au-dessus de ces portes étaient assis des vieillards vénérables. Priam, Panthoüs, Thymœtes, Lampas, Clytie, Hycétaon, de la race de Mars, et Ucalégon et Anténor, d'une prudence consommée. Accablés de vieillesse, ils se tenaient éloignés des combats; mais ils discouraient avec sagesse, semblables aux cigales qui, dans les bois, se reposant sur la cime des arbres, ne cessent point de faire entendre leur faible et douce voix : tels, au haut de cette tour, étaient ces vieillards troyens. Lorsqu'ils virent Hélène s'avancer vers la tour : on ne doit pas s'étonner, dirent-ils entre eux à voix basse, que les Troyens et les Grecs souffrent, depuis si grand nombre d'années, tant de maux pour une telle femme, elle a les attraits, le port d'une déesse ; mais, malgré ses appas, qu'elle parte avec ses vaisseaux et ne nous laisse point à nous et à nos enfans l'infortune et le deuil.

« Tels étaient leur discours. Priam haussant la voix : Approche, dit-il, ma chère fille, et sieds-toi à mes côtés. »

Homère traduit par Bitaubé, chant III.

Ce tableau est remarquable par sa composition gracieuse, le dessin correct et la vérité du clair-obscur. Il a été gravé avec soin par F. Engleheart pour les traductions poétiques de Suttaby.

149.

HELEN AND PRIAM.

During the eventful siege of Troy a single combat being appointed between Paris and Menelaus, Helen is summoned to the walls to behold an occurence in whose event she is deeply interested. She is received and welcomed by Priam, to whom she points out the different leaders of the Grecian host.

> " O'er her fair face a snowy veil she drew,
> And, softly sighing, from the loom withdrew.
> Her handmaids, Clymene and Æthra, wait
> Her silent footsteps to the Scæan gate.
>   There sat the seniors of the Trojan race,
> (Old Priam's chiefs, and most in Priam's grace)
> Chiefs, who no more in bloody fights engage,
> But wise through time, and narrative with age,
> These, when the Spartan queen approach'd the tower
> In secret own'd resistless beauty's power :
> They cried No wonder, such celestial charms
> For nine long years have set the world in arms ;
> What winning graces ! what majestic mien !
> She moves a goddess, and she looks a queen !
> Yet hence, O Heaven, convey that fatal face,
> And from destruction save the Trojan race.
>   The good old Priam welcom'd her, and cried,
> Approach my child, and grace thy father's side ".

Pope's Homer's Iliad, Book III.

This cabinet picture is estimable for its graceful composition, careful drawing, and judicious arrangement of light and shade, and colour. It has been tastefully engraved, by F. Englebeart, for Suttaby's Edition of Poetical Translations.

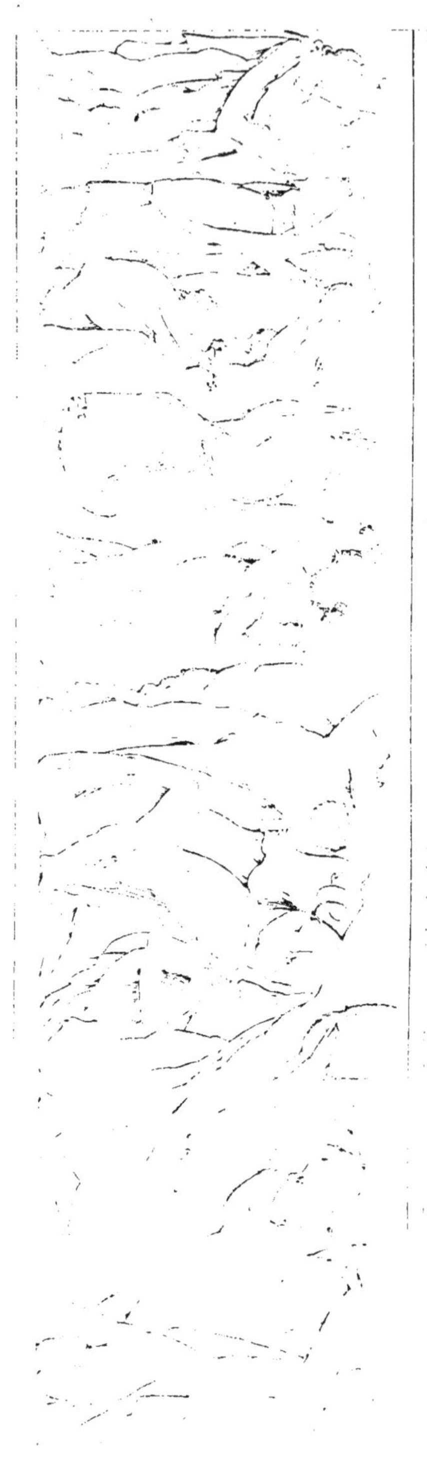

NOCES DE PIRITHOUS ET D'HIPPODAMIE.

« On n'entendait de toutes parts que des chants d'allégresse et des épithalames que l'on chantait en l'honneur des époux, lorsqu'Hippodamie parut, suivie d'une troupe de dames....... Le plus cruel et le plus farouche des centaures, Euryte, enflammé par l'amour et plus encore par le vin, n'eut pas plus tôt vu Hippodamie, qu'il renversa la table du festin, et prit la princesse aux cheveux, dans le dessein de l'enlever. Les autres centaures, à son exemple, saisirent les femmes qui leur plaisaient le plus. »

Ovide, liv. xii.

L'origine de la querelle des Centaures et des Lapithes forme le sujet de cette gravure. La cérémonie nuptiale se passe à gauche ; vers le milieu, Euryte, sous l'influence de Bacchus, insulte à Hippodamie ; Hercule, Thésée et les autres se préparent à défendre l'épouse de Pirithoüs, tandis que dans le fond Mars excite les Centaures à prendre fait et cause pour Euryte.

L'esprit, le mouvement, la composition poétique et l'exécution pure et correcte, caractérisent ce beau bas-relief, qui eut un grand nombre d'admirateurs à l'exposition des sculptures à l'académie royale de Londres, en 1831. Ce chef-d'œuvre ajoute encore à la réputation de cet artiste distingué dont on a déjà pu admirer le bouclier d'Énée et des morceaux d'après Virgile.

1 pied 10 pouces et demi, sur 7 pieds 6 pouces.

NUPTIALS OF PIRITHOUS AND HIPPODAMIA.

. . . ." The roofs with joy resound
And Hymen, Io Hymen, rung around.
Rais'd Altars shone with holy fires ; the bride
Lovely herself (and lovely by her side
A bevy of bright nymphs , with sober grace)
Came glittering like a star and took her place.
. . . . . . One , most brutal of the brutal brood ,
Or whether wine or beauty fir'd his blood
Or both at once , beheld with lustful eyes
The bride ; at once resolv'd to make his prize ".
Ovid's Metamorphoses , B. XII.

The commencement of the contest between the Centaurs and Lapithæ is represented in the annexed subject : the nuptial ceremony passes on the left , towards the middle Eurythion , under the influence of Bacchus, insults Hippodamia ; Hercules , Theseus, etc., prepare to rescue the bride , while on the right Mars animates the Centaurs to take up the quarrel.

Spirit , animation , and grace , a poetical richness of conception , and correct and careful execution , characterize this fine alto relievo , which occupied a distinguished place among the Sculpture exhibited at the Royal Academy this present year 1831 ; and powerfully supported the reputation gained by the elaborate and beautiful model of the Shield of Æneas , and the Illustrations of Virgil, by this meritorious Artist.

Size : 2 feet by 8 feet.

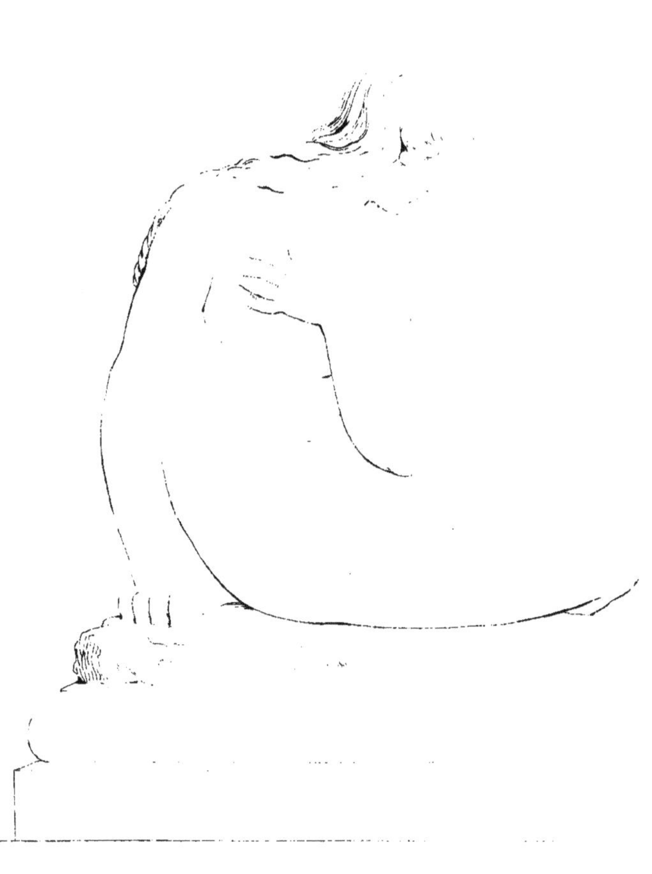

ÈVE.

« Plus aimable et plus brillante par sa seule beauté, que Pandore avec tous les présens dont elle fut enrichie par chacun des dieux (ô fatale ressemblance !) quand , amenée par Hermès au fils imprudent de Japhet , elle asservit le genre humain par ses charmes , pour punir le rapt audacieux du feu du ciel. »

MILTON , Paradis perdu , liv. IV.

Cette belle figure , remarquable par la pureté du dessin , la beauté des formes , et le fini de l'exécution , fut sculptée en marbre pour la Société philosophique de Bristol , et exposée à l'Académie royale en 1821.

BAILY.

EVE.

In naked beauty more adorn'd
More lovely than Pandora, whom the Gods
Endowed with all their gifts, and O too like
In sad event, when to th 'unwiser son
Of Japhet, brought by Hermes, she ensnar'd
Mankind with her fair looks, to be aveng'd
On him who had stole Jove's authentic fire. *

Paradise Lost, B. IV.

THIS exquisite figure distinguished by its purity of design, correct anatomical knowledge, and finished style of execution, was sculptured in marble for the Philosophical Society of Bristol, and exhibited at the Royal Academy, in 1822.

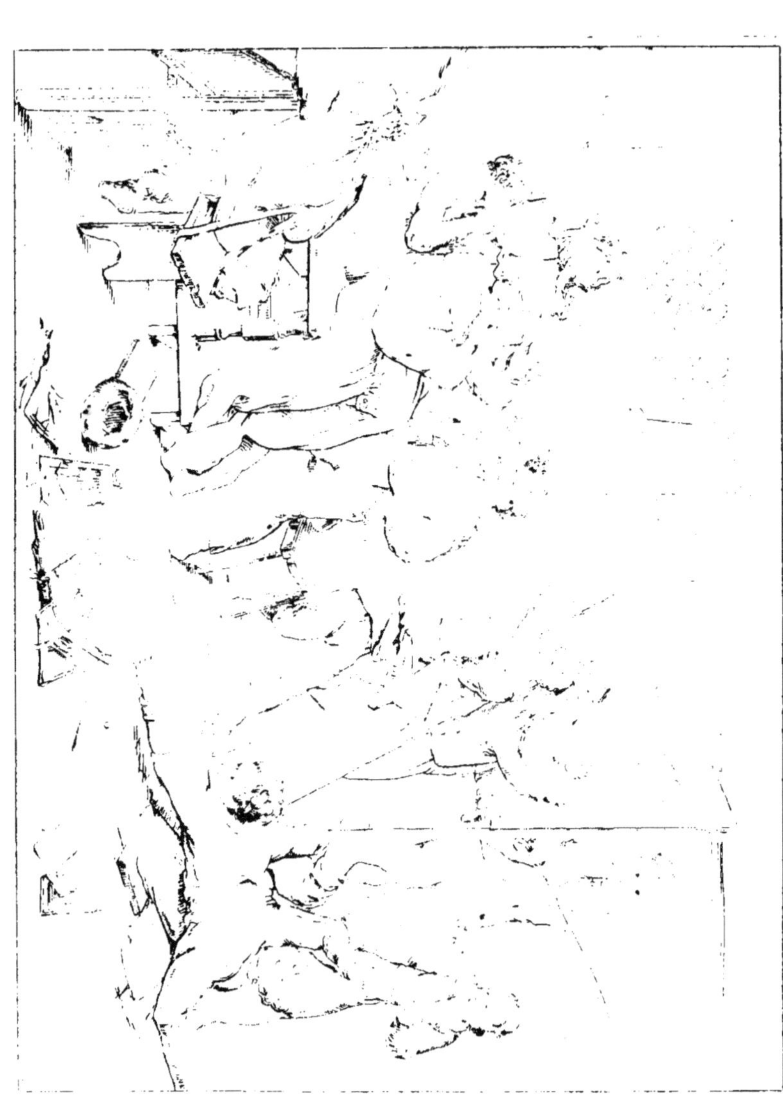

L'ÉCOLE EN DÉSORDRE.

Une cause imprévue vient de forcer le maître d'une pension de jeunes garçons à s'absenter. Une si belle occasion ne saurait être négligée, aussi la lecture, l'écriture et l'arithmétique sont-ils partis avec le pédagogue pour faire place à la joie et aux malices. Le principal groupe occupe la place du maître, un des plus espiègles s'est affublé de sa robe, de son bonnet et de ses lunettes, puis, relevant la tête avec un air de moquerie, il fait la leçon à deux écoliers ; un autre, monté sur le dos de la chaise magistrale, renverse un encrier sur le bonnet du maître, et le contenu pourra bien couler sur la figure de l'écolier pédant qui, d'un autre côté, va être atteint par un livre lancé à son intention. A droite, deux enfans, se disputant pour une pomme, se trouvent renversés par un camarade qui a saisi les pieds d'un banc ; celui qui se trouve dessous voit avec désespoir son antagoniste prêt à s'emparer de l'objet de leur querelle. Près de ce groupe une ardoise brisée a séparé les fractions. A gauche, un enfant, à califourchon sur un banc, s'est fait un fouet de la verge et une bride de ses jarretières. Sur le second plan un artiste en jaquette trace une caricature dont la ressemblance avec le maître se fait assez voir. Celui-ci, paraissant inopinément, a surpris l'espion chargé de veiller son retour. Les regards de cet enfant indiquent assez comment va se terminer cette scène comique.

Ce tableau fut admiré généralement lorsqu'il parut à l'exposition de la Société des peintres ; il fut acheté par W. Chamberlayne Esq. Il a été gravé en mezzo-tinte, par C. Turner.

THE VILLAGE SCHOOL IN AN UPROAR.

Some unforeseen cause has obliged the master of a School to absent himself in school hours. Such an opportunity could not be neglected ; accordingly reading, writing, and arithmetic, are banished with the pedagogue, and fun and frolic become lords of the ascendant. The principal group is occupied by a travestie on the absentee. A youth, equipped in the gown, cap, and spectacles of the teacher, with mock solemnity examines the performances of two others who stand before him ; a mischievous urchin leans over his chair to bestow a libation from an ink-bottle on the cap and face of the usurper, while he is assailed from another quarter by a shower of missiles. On the right, two boys contending for an apple are brought to the ground by a third who overturns the form. The rightful owner is undermost, his antagonist with the expression of a desperado reaches after the object of contention, which is likely to escape him. Under this group a broken slate illustrates vulgar fractions, and the quarrel and lost apple elucidate division, and subtraction. On the left a lad has mounted his wooden horse, the rod furnishes a whip, and his garters a bridle ; on the latter appendages we read that England expects every man to do his duty. In the background an embryo artist is sketching a caricature, whose resemblance the opened door enables us to appreciate, as the Master is seen in the act of crossing the the threshold ; by his sudden return he has surprised the scout placed on the watch, who enters immediately before him with looks that indicate too well how this scene of riot will terminate.

This picture excited general admiration when it appeared in the Exhibition of the Society of Painters in Water Colours and was bought by W. Chamberlayne Esq. M. P. — It has been engraved in mezzo-tinto by C. Turner.

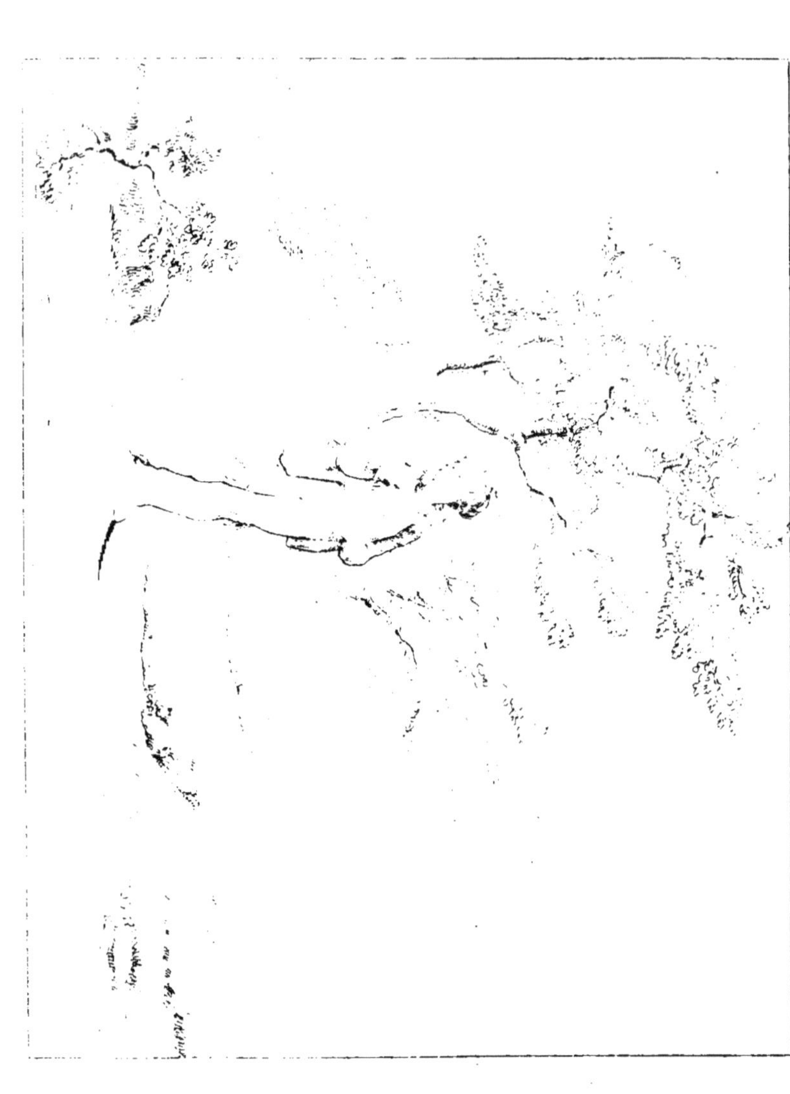

LE SECOND AGE.

« Ensuite l'écolier toujours en pleurs , le visage frais comme le matin et son petit sac à la main , rampe, comme le limaçon , lentement et à contre cœur jusqu'au seuil de l'école. »

SHAKSPEARE , *Comme il vous Plaira* , acte II.

Un écolier est la seule figure que représente ce tableau. Marchant avec négligence à travers une campagne agréable , tout en lui exprime la répugnance qu'il a de se trouver sur le chemin de l'école. Sa figure réjouie indique assez combien il a à se reprocher de n'avoir pas répondu aux bons soins de sa mère qui, tout en lui donnant son carnet , l'a exhorté à suivre ses études avec activité. N'ayant rien à penser, et sentant le besoin d'un objet qui puisse le distraire, on peut croire qu'il poursuivra avec plus de plaisir un papillon ou qu'il dénichera un nid avec beaucoup plus d'ardeur qu'il n'en aurait à étudier sa leçon.

Ce tableau a été gravé pour la collection de Boydell par J. P Simon.

THE SECOND AGE.

« And then, the whining school-boy, with his satchell
And shining morning face, creeping like snail
Unwillingly to school : »

This picture presents but a single figure, a lad who saunters listlessly along through a rustic scene of great amenity. Every limb tells us how unwillingly the journey to school is undertaken, and we may infer that for his shining morning face he is indebted to the exertions of a mother whose provident care has also equipped him with his satchell, and started him in good time to pursue his studies. But the vacancy of mind and want of object so clearly discernible in his whole figure warrant the conclusion that a butterfly would afford him a more interesting pursuit, and that instead of climbing the tree of knowledge he would climb to a bird's nest with ten-fold alacrity.

This picture was engraved for Boydell by J. P. Simon.

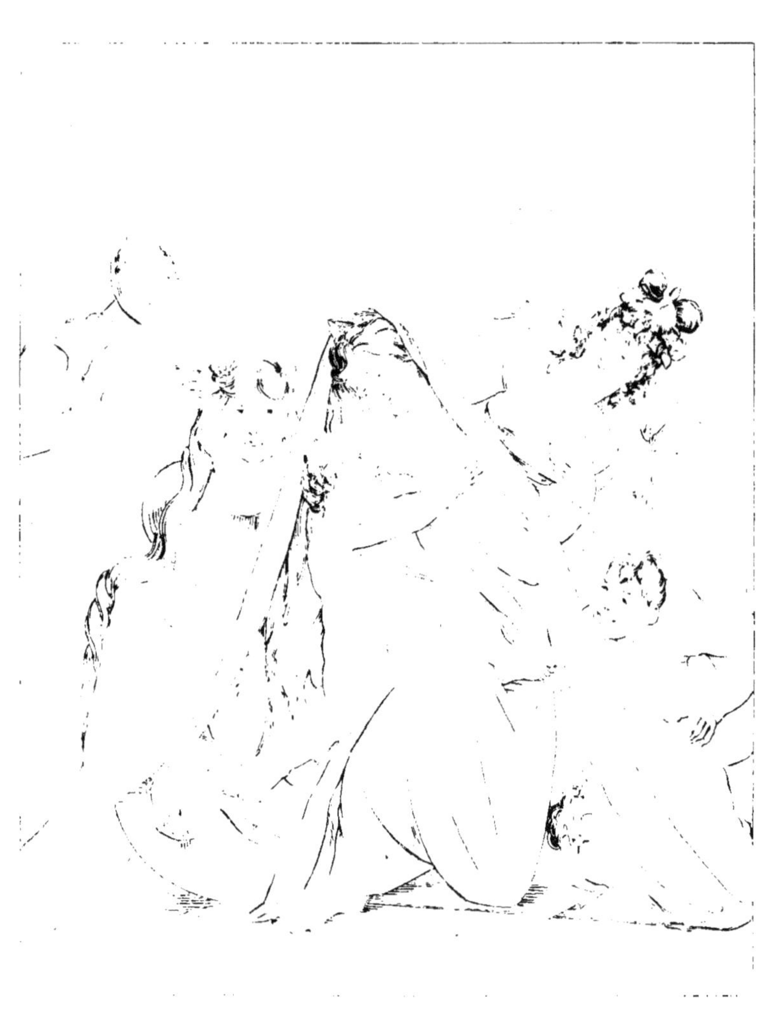

ÉDUCATION DE SHAKSPEARE.

Cette composition poétique, qui montre en un groupe les caractères les plus remarquables créés par le génie inspirateur de Shakspeare, a été décrite d'une manière si exacte par un auteur anglais vivant, que nous ne pouvons mieux faire que de rapporter ici cette description.

« La Tragédie, représentée par une femme belle et sérieuse, allaite le barde futur; elle semble toute entière occupée de ce soin maternel. L'enfant, les lèvres humides de lait et les yeux brillans d'inspiration et de santé, paraît vouloir quitter son sein pour celui de la Comédie, femme plus jeune et plus gaie; ses regards sont doux, son costume est négligé, sa figure est riante; déjà elle amuse son protégé et cherche à lui faire entendre quelques mots. Autour de ce groupe l'artiste a placé les différens caractères que le poète créa ensuite : Lady Constance est en pleurs; Lady Macbeth, dont « les yeux ouverts sont fermés à toute impression, » est en proie aux plus poignants remords; les Sorcières, ces trois femmes « d'un aspect bizarre et sauvage, » sont dans un brouillard, mais bien dépeintes. On y voit aussi sir Jean Falstaff, « chevalier bouffon, vieilli dans les excès; » puis Caliban, « créature étrange tenant un milieu entre l'homme et la brute, » qui vient en rampant pour jeter un regard sur son Créateur; et par-dessus tout l'ombre du père d'Hamlet, couvrant ce qui l'entoure de quelque chose de surnaturel. On aperçoit dans la robe de la Tragédie le masque d'Othello; la reine Mab et un de ses sujets se jouent dans le berceau de Shakspeare.

Vie de Fuseli, par Cunningham.

Une gravure de ce tableau, faite par Haughton, a été publiée par Fuseli lui-même.

154.

NURSERY OF SHAKSPEARE.

This poetical conception which brings into **one** group the most remarkable characters of Shakspeare's creative imagination has been so admirably described by an eminent living author that we quote his words for the gratification of our readers.

« Tragedy is represented, a beautiful and mournful dame, nursing in her bosom the young dramatist; she seems exhausted by her maternal indulgence, and the child — his lips moist with milk and his eyes bearning with inspiration and health — appears anxious to quit her bosom for that of Comedy — a more youthful and gladsome lady, who with loose looks and looser attire — with laughing eyes and feet made to do nothing but dance, has begun to toy, and talk with him. Around this group the painter has summoned the various characters which the poet afterwards created — Lady Constance is there with her settled sorrow — Lady Macbeth exhibits herself in that sleeping scene to which a Siddons has added terrors all her own; the three weird sisters — those black and midnight hags — appear dim but well defined — Falstaff too is there, a hogshead of a man with a tun of wit : and Caliban, a strange creation — a connecting link between man and brute — comes grovelling forward to look at his creator. Over the whole glares Hamlet's Ghost, throwing a sort of supernaturel halo upon all around. The mask of Othello lies in the robe of Tragedy, and Queen Mab and one of her merriest comrades are sporting in Shakspeare's cradle. »

A. Cunningham's, *Life of Fuseli.*

Fuseli himself published a print from this picture, engraved by M. Haughton.

154.

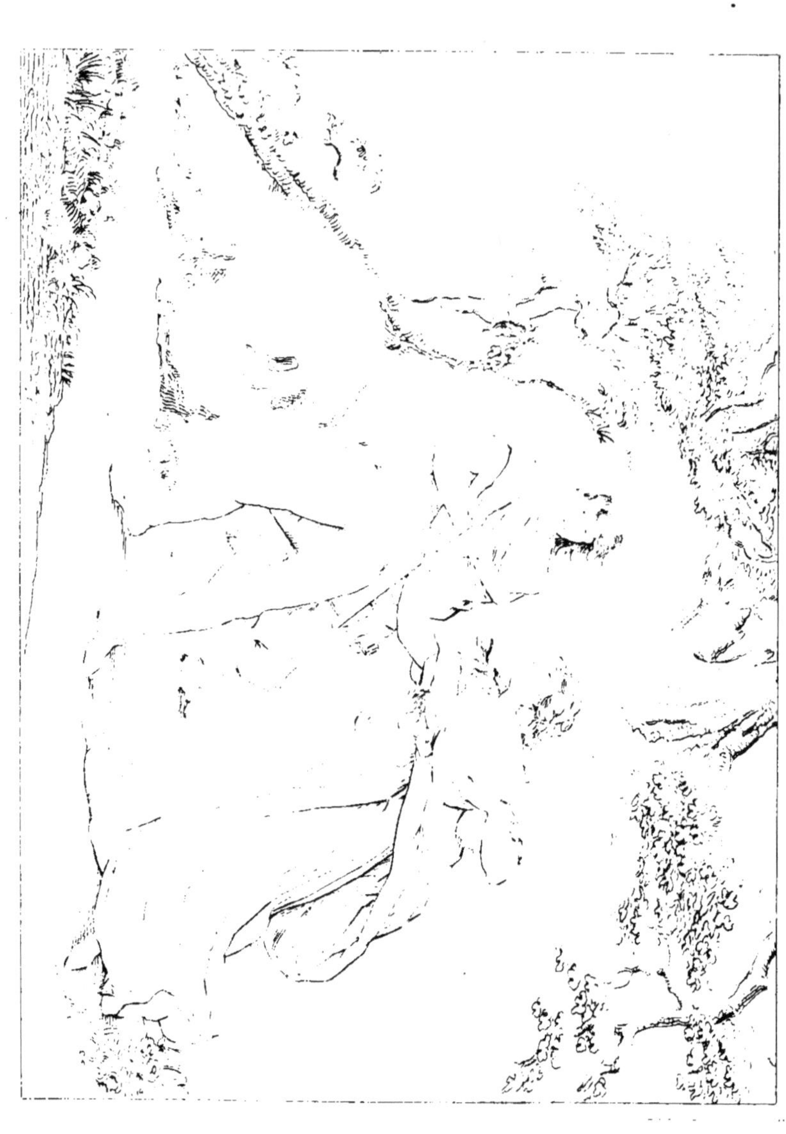

IMOGÈNE ET PISANIO.

Dans Cymbeline, de Shakspeare, Iachimo n'ayant rien pu obtenir d'Imogène, dont il était épris, résolut de se venger de ses refus. Il fit donc accroire à Léonatus Posthumus, son époux, qu'elle lui était infidèle. A cette nouvelle, celui-ci ordonna à Pisanio, son serviteur, de la conduire dans une forêt et de lui ôter la vie. Pisanio feignit d'obéir ; il conduisit sa maîtresse au lieu qui lui avait été indiqué, et là lui montra la lettre que Posthumus lui avait adressée, qui, en accusant faussement Imogène, lui commandait de lui donner la mort. Imogène frappée d'indignation de recevoir de son époux une pareille récompense pour l'affection qu'elle lui portait, exhorte elle-même Pisanio à exécuter les ordres qui lui ont été données.

« Viens, Pisanio , sois fidèle à ton maître, exécute ses ordres , et quand tu le verras atteste-lui mon obéissance. Vois, c'est moi même qui tire ton épée ; prends-la , ouvre ce cœur, asile innocent de mon amour ; ne crains rien , il n'y reste plus d'autre sentiment que le désespoir ; ton maître n'y habite plus , lui qui en était l'unique trésor ! Fais ce qu'il t'ordonne , frappe...... Tu balances ?..... Peut-être serais-tu plus brave dans une cause plus juste ; mais en ce moment tu parais lâche. »

Shakspeare , *Cymbeline,* act. III , sc. 2.

Tel est le sujet qu'a traité Hoppner, dans le seul tableau qu'il ait peint pour la galerie de Shakspeare. Il a montré dans cette composition une haute capacité pour l'art de la peinture, et fait regretter de s'être adonné exclusivement aux portraits.

Ce tableau a été gravé pour la grande collection de Shakspeare, par R. Thew.

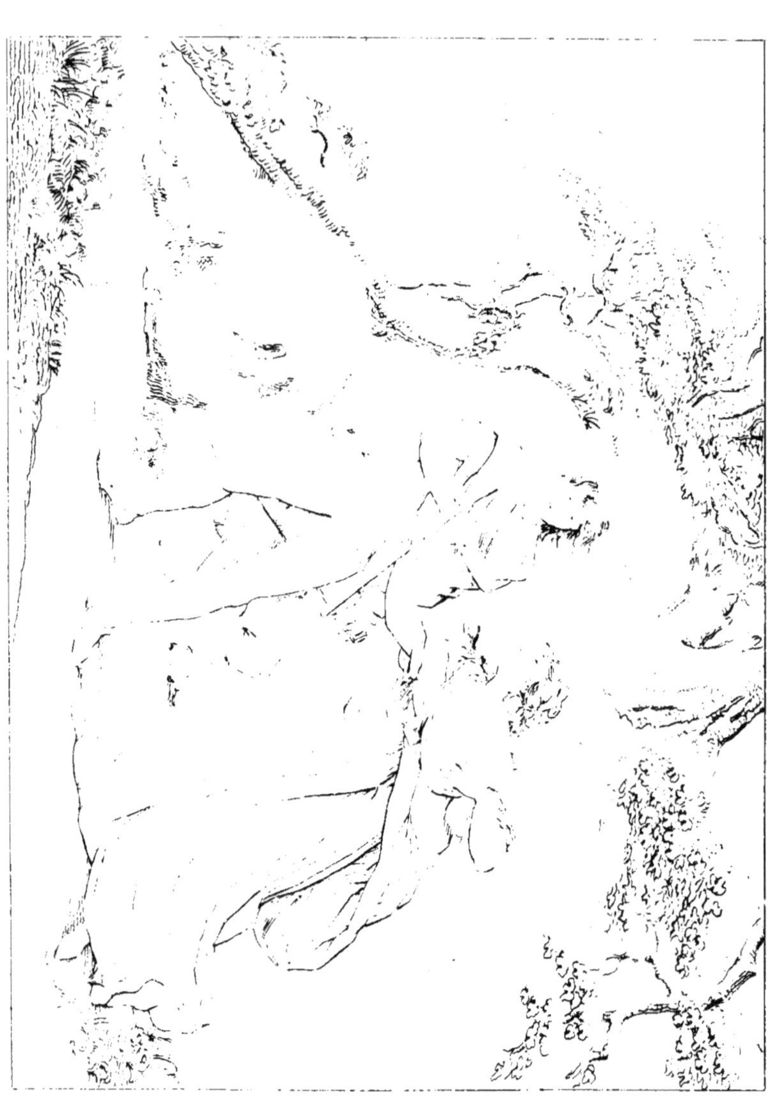

IMOGÈNE ET PISANIO.

Dans Cymbeline, de Shakspeare, Iachimo n'ayant rien pu obtenir d'Imogène, dont il était épris, résolut de se venger de ses refus. Il fit donc accroire à Léonatus Posthumus, son époux, qu'elle lui était infidèle. A cette nouvelle, celui-ci ordonna à Pisanio, son serviteur, de la conduire dans une forêt et de lui ôter la vie. Pisanio feignit d'obéir ; il conduisit sa maîtresse au lieu qui lui avait été indiqué, et là lui montra la lettre que Posthumus lui avait adressée, qui, en accusant faussement Imogène, lui commandait de lui donner la mort. Imogène frappée d'indignation de recevoir de son époux une pareille récompense pour l'affection qu'elle lui portait, exhorte elle-même Pisanio à exécuter les ordres qui lui ont été données.

« Viens, Pisanio, sois fidéle à ton maitre, exécute ses ordres, et quand tu le verras atteste-lui mon obéissance. Vois, c'est moi même qui tire ton épée ; prends-la, ouvre ce cœur, asile innocent de mon amour ; ne crains rien, il n'y reste plus d'autre sentiment que le désespoir ; ton maitre n'y habite plus, lui qui en était l'unique trésor ! Fais ce qu'il t'ordonne, frappe...... Tu balances ?....., Peut-être serais-tu plus brave dans une cause plus juste ; mais en ce moment tu parais lâche. »

Shakspeare, Cymbeline, act. III, sc. 2.

Tel est le sujet qu'a traité Hoppner, dans le seul tableau qu'il ait peint pour la galerie de Shakspeare. Il a montré dans cette composition une haute capacité pour l'art de la peinture, et fait regretter de s'être adonné exclusivement aux portraits.

Ce tableau a été gravé pour la grande collection de Shakspeare, par R. Thew.

IMOGEN AND PISANIO.

In Shakspeare's Play of Cymbeline Leonatus Posthumus is by the artifices of Iachimo induced to believe his wife Imogen unfaithful, and under the influence of that belief instructs his servant Pisanio to conduct her into a forest and take away her life. Pisanio counterfects obedience and leads her forth to the place appointed for her immolation, where he shows her the letters of Posthumus which impugns her conduct and commands her death. Stung by this unmerited return to the most devoted affection on her part she exhorts Pisanio to execute his master's wishes.

> Come, fellow, be thou honest;
> Do thou thy master's bidding : when thou see'st him,
> A little witness my obedience : look !
> I draw thy sword myself : take it; and hit
> The innocent mansion of my love, my heart;
> Fear not; 'tis empty of all things, but grief :
> Thy master is not there; who was, indeed,
> The riches of it : do his bidding; strike.
> Thou may'st be valiant in a better cause;
> But now thou seem'st a coward.
>
> *Cymbeline*, Act. III, Sc. IV.

This incident furnished Hoppner with the subject for the only picture he painted for the Shakspeare Gallery. — In its execution he has evinced a capacity for the higher department of art which excites our admiration of what he has performed, and our regret for his all but exclusive self abandonment to portraiture.—This picture was engraved for the larger series of illustrations by R. Thew.

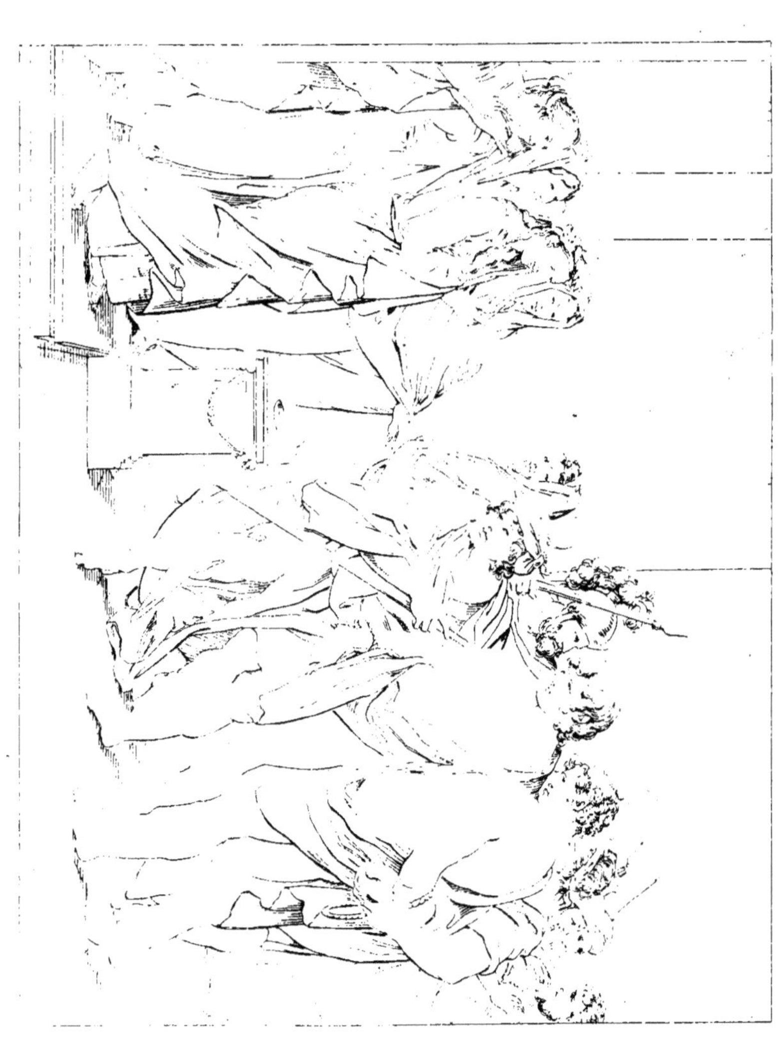

ORESTE ET PYLADE.

Oreste, accompagné de Pylade, venait d'entrer dans la Chersonèse Taurique pour chercher la statue de Diane, que l'Oracle de Delphes lui avait ordonné d'apporter en Grèce.

Ayant été saisis comme étrangers, les deux amis furent amenés devant le Roi Thoas, qui donna l'ordre de les offrir en sacrifice à Diane. On les conduisit à cet effet au Temple de cette Déesse ; mais la prêtresse Iphigénie ayant appris qu'ils étaient Grecs, retarda l'instant du sacrifice, dans l'espoir d'apprendre d'eux des nouvelles de sa patrie. Après quelques explications elle reconnut son frère, et parvint à lui sauver la vie, ainsi qu'à Pylade.

West peignit ce tableau encore jeune, et peu de temps après son arrivée à Londres, en 1763. C'est une très-belle composition, remarquable par sa grande pureté et l'exactitude du dessin, par l'harmonie et la richesse de la couleur qu'il n'a pas toujours su conserver dans ses autres productions ; la vue de ce tableau suffit pour détruire l'idée que West imitait et suivait les traces de David, si toutefois cela peut être, car le peintre d'Oreste et Pylade avait un style formé et une réputation toute acquise avant que ce dernier pût tenir une palette.

Sir George Beaumont, baronet, sut apprécier le mérite de ce tableau plein de génie, et en fit présent à la nation britannique. Il a été très bien gravé, en 1770, par Basire l'aîné ; mais sa planche a l'inconvénient d'être en sens inverse du tableau : cette faute n'existe pas dans la gravure ci-jointe.

3 pieds 1 pouce et demi, sur 3 pieds 11 pouces.

ORESTES AND PYLADES.

Orestes accompanied by his friend Pylades having entered the Taurican Chersonesus in search of the statue of Diana, which the oracle of Delphi had commanded him to bring into Greece, were apprehended as strangers and carried before Thoas king of the country, who ordered them to be offered as a sacrifice to Diana. They were accordingly taken to her temple where the priestess, Iphigenia, learning they were Greeks, delayed the preparations in order to gain some intelligence from her native country. By the explanations that ensued she discovered her brother, and ultimately saved the lives of the illustrious friends.

West painted this picture early in life, soon after his arrival in London in 1763. It is a very fine production, remarkable for great purity and correctness of drawing, and a harmonious depth and richness of colour that he did not uniformly attain in his subsequent works. A sight of this performance is sufficient to destroy the illusion, if it really exists, of West being an imitator or follower of David : the painter of the Orestes and Pylades having formed his style and ensured his reputation before the latter could set a palette.

To sir George Beaumont belongs the honour of appreciating the merit of this work of genius; and it formed part of the Baronet's munificent gift to the British Nation. It was respectably engraved in 1770 by the elder Basire, but his Plate has the defect of reversing the picture : in the annexed engraving this fault has been avoided.

Size, 3 feet 4 inches, by 4 feet 2 inches.

LE TROISIÈME AGE

« Puis vient le jeune homme amoureux, qui soupire comme une fournaise, et chante une ballade plaintive qu'il a faite pour les beaux yeux de sa maîtresse. »

SHAKSPEARE, *Comme il vous plaira*, act. II.

Comme le Second Age, ce tableau n'a qu'une figure ; mais l'artiste habile a su tracer l'histoire de son héros de manière à ne pas s'y méprendre. Au milieu de la nuit, le jeune amoureux s'évertue sur un sonnet à moitié fait ; et quoique les vers harmonieux ne sortent pas de son esprit avec toute la facilité qu'il pourrait désirer, en invoquant l'Amour et les Muses, il conduit sa plume sans être sûr cependant s'il achèvera ou non.

Le portrait de sa maîtresse est déposé sur la table, devant lui. Sa veste déboutonnée, ses bas tombans, ses souliers déliés tout en lui indique assez le désordre que Rosalinde décrit comme une preuve incontestable de l'amour d'un jeune homme. Deux tableaux indiquant le pouvoir et l'influence du Dieu qu'il idolâtre, ornent sa chambre.

Ce tableau a été gravé par R. Thew.

THE THIRD AGE.

. . . . « And then the lover
Sighing like furnace , with a woful ballad
Made to his mistress' eye-brow : »

Like the preceeding picture of this series the Third Age has but one figure , but the skilful artist has told his story in a manner that cannot be misunderstood. At the hour of midnight the devoted swain hangs over the half finished sonnet , and although the harmonious verses do not flow with all the alacrity he might desire , yet inspired by Cupid and the Nine he weilds the grey-goose quill in full determination « without an oath to make an end on't. » His mistress's miniature lies on the table before him , his vest is unbuttoned , his hose ungartered, his shoe untied , and every thing about him expresses that careless desolation which Rosalind describes as the infallible marks of a man in love. Two paintings proclaming the might and influence of the God of his idolatry adorn the chamber.

This picture was engraved by R. Thew.

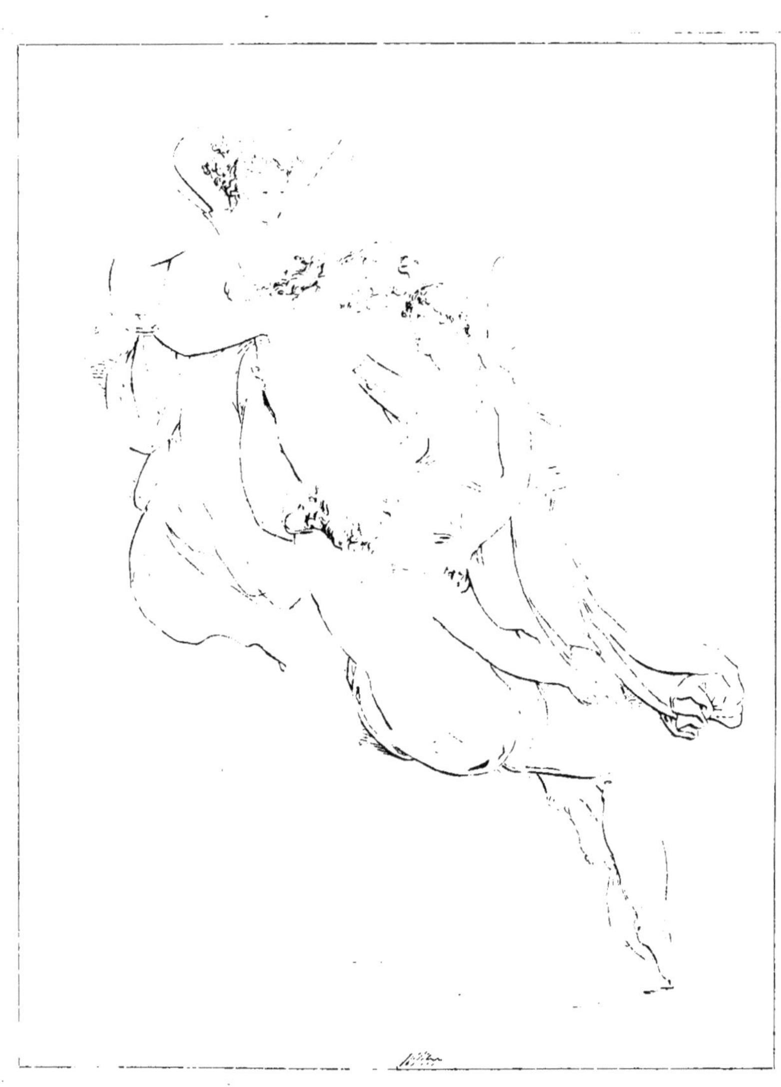

PSYCHÉ.

Psyché, dont la beauté égalait celle de Vénus, et l'amante involontaire de l'Amour, fut transportée, par les ordres de ce Dieu tout-puissant, dans l'île du Plaisir, pour y accomplir sa destinée mystérieuse. Ayant compris par le sens de l'Oracle qu'un être, dont le pouvoir était suprême quoiqu'invisible, veillait sur toutes ses actions, une crainte indéfinissable s'empara de son imagination. Les Zéphirs attentifs auxquels l'Amour avait commandé de transporter son amante près des bosquets du bonheur, trouvèrent Psyché en proie à une appréhension vague et timide. Ils cherchèrent d'abord à dissiper ses terreurs mal fondées ; puis, selon le désir de Cupidon, l'enlevèrent doucement du rocher où elle était en pleurs, et la déposèrent dans l'île fleurie du Plaisir.

En choisissant ce sujet, le peintre a su le rendre avec tout l'esprit et la légèreté qui conviennent à l'allégorie. Une composition agréable se développant avec art, les formes gracieuses de la jeunesse et de la beauté soutenues par un dessin correct et soigné, et une combinaison savante des couleurs et du clair obscur, mérita et obtint à juste titre l'approbation du public.

Ce tableau est l'ouvrage d'un jeune artiste qui fait des progrès rapides dans son art difficile ; il appartient à Whiting esquire de Maida Vale. Il a été gravé pour une de ces publications annuelles devenues si à la mode depuis quelques années.

PSYCHE.

Psyche , the beauteous yet unconscious rival of Venus and
the involuntary bride of the young God of Love , was conveyed , by command of that omnipotent Deity , to the Island
of Pleasure , there to accomplish her mysterious destiny.
Aware, from the tenor of the Oracle , that a supremely powerful though invisible intelligence controlled all her actions,
an indefinable dread pervaded her imagination , and the ob-
sequious Zephyrs , whom Cupid instructed to waft his elected
bride to the bowers of bliss , found her overwhelmed with
vague apprehension and dismay. Their first endeavours were
directed to dispel the groundless terrors of the lovely
maiden ,

> « And then as Cupid will'd , with tenderest care
> From the tall rock where weeping she was laid ,
> With gliding motion through the yielding air
> To Pleasure's blooming isle their lovely charge they bear. »
>
> Mrs. Tighe's , *Psyche.*

In transferring this incident to his canvass the painter has
successfully seized the spirit of the elegant and ingenious
allegory. A graceful composition skilfully displaying the
most pleasing forms of youth and beauty , sustained by correct and careful delineation, and a scientific combination of
colour , and light and shade , merited , and has obtained , the
gratifying meed of public approbation.

It is the production of a young Artist rapidly rising in his
arduous profession , and is the property of—Whiting Esq. of
Maida Vale ; it has been engraved for one of the embellished
annual publications which have been recently so fashionable.

MORT DE LORD CHATHAM.

On rapporte que la fin de ce grand homme d'état fut avancée par l'anxiété qu'il éprouva lors des débats qui eurent lieu au sujet de la guerre d'Amérique. Le 7 avril 1778, une discussion animée s'éleva dans la Chambre des Lords; lord Chatham, prenant le plus haut intérêt à la question, se lève tout ému pour parler une seconde fois; mais sa voix expire sur ses lèvres, il s'évanouit; on le transporte chez lui dans un état complet de faiblesse, et il mourut le 11 mai suivant.

Copley a représenté l'orateur supporté à sa gauche par le duc de Cumberland; près de lui est le duc de Portland, les comtes Temple et Shelburne; le vicomte Mahon soutient les pieds du lord. Devant lui sont le comte actuel de Chatham, et ses frères Guillaume et Jacques Pitt. Dans le groupe qui forme le centre, se trouvent les vicomtes Dudley et Ward, le comte de Dartmouth, lord Amherst, le comte de Sandwich et le comte Gower. A gauche, on voit les évêques de Peterborough et de S*.-Asaph. Le lord-chancelier Bathurst est debout devant le sac de laine; lord Mansfield est assis près de lui. Derrière ce dernier, Markman, archevêque d'York, cause avec le baron Skinner. Près du trône, sont le procureur et le solliciteur général, Thurlow et Wedderburne, les lords North, G. Germaine, etc., etc. Le groupe de droite se compose du duc de Richmond, tenant un rouleau de papier, du marquis de Rockingham, et des comtes Spencer, Fitz-William et Besborough.

Ce tableau, plein d'intérêt et peint avec soin, fut présenté au gouvernement anglais par le comte de Liverpool. Il a été gravé par Bartolozzi.

7 pieds 4 pouces ½, sur 9 pieds 4 pouces ½.

DEATH OF LORD CHATHAM.

The death of this eminent Statesman was probably hastened by his anxiety on the subject of the American war. — On the 7th. April 1778, an animated debate ensued in the House of Lords; Lord Chatham took a deep interest in the discussion, and had risen to speak a second time, when his voice suddenly faultered and he fainted, he was conveyed to his house in a state of exhaustion and died May 11th.

Copley has represented the fainting Orator supported on his left by the Duke of Cumberland, near him are the Duke of Portland, Earls Temple and Shelburne : Viscount Mahon supports Lord Chatham's feet; beyond him are the present Earl of Chatham, and his brothers, William and James Pitt. The prominent group near the centre is composed of Viscount Dudley and Ward, Earl of Dartmouth, Lord Amherst, Earl of Sandwich and Earl Gower. On the left are the Bishops of Peterborough and St. Asaph. The Lord Chancellor Bathurst is standing before the woolsack; near him is Lord Mansfield seated ; behind the latter nobleman, Markham, archbishop of York, is conversing with Chief Baron Skinner. In the space near the Throne, are the Attorney and Solicitor general, Thurlow and Wedderburne, Lords North, G. Germaine, etc., etc. The group on the right of the foreground consists of the Duke of Richmond holding a roll of paper, the Marquis of Rockingham, and Earls Spencer, Fitz-William and Besborough.

This interesting and carefully painted picture was presented to the British Nation by the late Earl of Liverpool. It has been engraved by Bartolozzi.

Size, 7 feet 10 inches, by 10 feet.

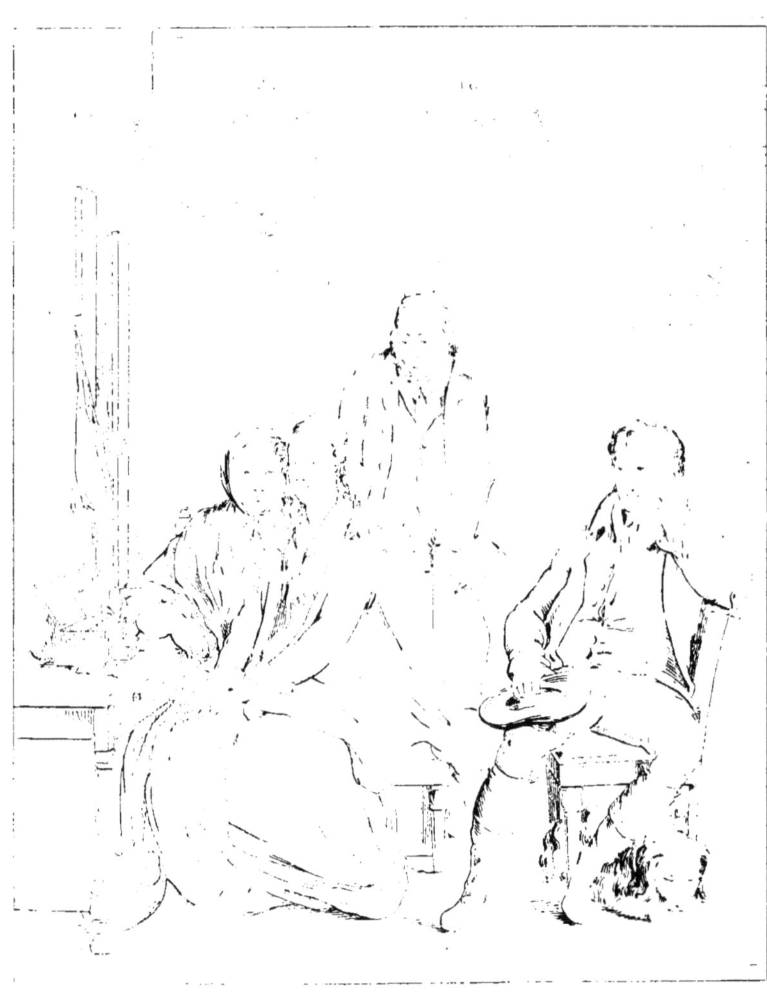

DUNCAN GRAY.

Wilkie, habile à donner aux physionomies l'expression du sentiment qu'il voulait que le personnage qu'il peignait éprouvât, a traité ce sujet avec beaucoup de talent.

Duncan Gray, plein d'amour pour Marguerite, vient le jour de Noël (Christmas) pour la demander en mariage ; mais elle ne partage pas son amour; elle le reçoit avec froideur et refuse de l'épouser. En vain ses parens l'engagent - ils de céder aux vœux de Duncan, elle est inflexible. Il s'éloigne alors, résolu d'oublier celle qui ne lui rendait que du mépris pour tout son amour. Quelque temps après, Marguerite eut regret de l'avoir traité ainsi ; un sentiment plus doux fit place à l'indifférence, elle l'aimait ; Duncan Gray ne pensa plus à l'oublier, et bientôt ils furent au comble de leurs vœux.

L'artiste a apporté dans cette scène cette finesse d'expression dans chaque caractère, cette même touche délicate et heureuse que l'on remarque dans toutes ses productions célèbres.

Ce tableau fut exposé à l'Académie royale de Londres en 1814, et a été bien gravé par F. Engleheart.

DUNCAN GRAY.

Duncan Gray cam here to woo,
   Ha, ha, the wooing o't,
On blithe yule night when we were fou,
   Ha, ha, the wooing o't.
Maggie coost her head fu' high,
Look'd asklent and unco skeigh,
Gart poor Duncan stand abeigh;
   Ha, ha, the wooing o't.

Duncan fleech'd, and Duncan pray'd.
   Ha, ha, the wooing o't,
Meg was deaf as Ailsa Craig,
   Ha, ha, the wooing o't.
Duncan sigh'd baith out and in,
Grat his een baith bleer't and blin,
Spak o'lowpin o'er a linn;
   Ha, ha, the wooing o't.

These highly comic verses of Burns sufficiently explain the annexed subject, which is executed with a kindred feeling; displaying the same discrimination and knowledge of character, the same power of expression, and felicitous delicacy of touch observable in the most successful productions of its celebrated painter. It appeared at the Royal Academy in 1814, and has been finely engraved by F. Engleheart.

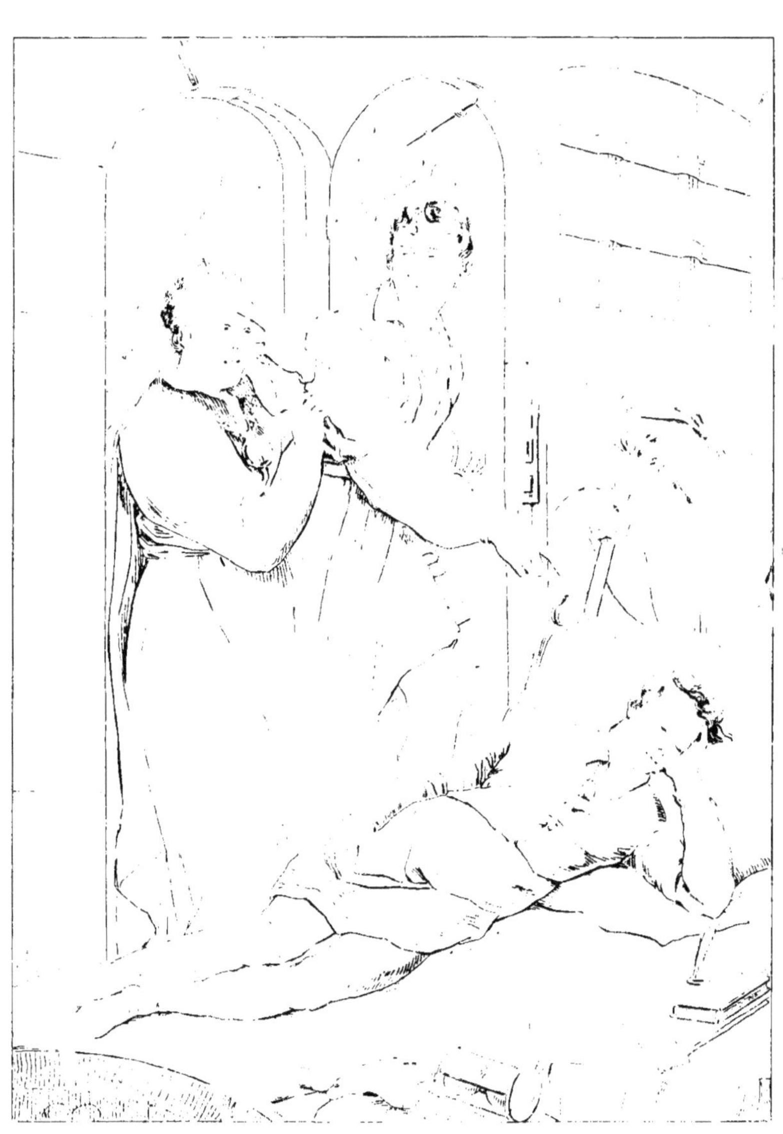

LE COMTE D'ARGYLE EN PRISON.

En 1685, Jean, comte d'Argyle, tomba victime d'une tentative mal conduite, ayant pour but d'exciter les Écossais à se révolter contre Jacques II, roi fanatique et tyran. On trouve dans l'histoire de ce prince, par Fox, que, pour employer le court intervalle de temps qui lui avait été accordé entre sa condamnation et son exécution, d'Argyle écrivit un adieu touchant à sa femme et à ses amis, dina et s'endormit selon sa coutume; un de ses juges se présentant alors demanda à lui parler; sur la réponse qu'on lui fit que le comte, prenant quelque repos, désirait n'être pas dérangé, il ne voulut pas y ajouter foi, croyant que ce n'était qu'un prétexte pour éviter d'être interrogé. Pour le satisfaire on entr'ouvrit la porte, et il vit, jouissant d'un sommeil doux et tranquille, et que dans deux heures on mènerait à la mort, l'homme que lui et ses collègues avaient condamné! Frappé d'une telle vue, il sortit précipitamment du château et se rendit chez un de ses amis qui demeurait près de là, se jeta sur le premier lit qu'il rencontra, et se plaignit d'être en proie aux douleurs les plus aiguës.

C'est cet incident qu'a choisi l'artiste pour sujet. La composition, le dessin et l'expression de ce tableau sont d'un beau talent; le coloris en est clair, harmonieux et plein de force; le clair-obscur en est bien distribué. Il a été peint en 1810 pour Lord Grey, et a été gravé par E. Scriven pour les Beaux-Arts de l'École anglaise.

ARGYLE IN PRISON.

John Earl of Argyle fell a victim to an ill timed attempt to excite the Scotch to an insurrection against the bigotry and tyranny of James II. in 1685. Being taken prisoner his trial and condemnation followed as matters of course. It is related in Fox's History of James II. that he occupied the brief interval between his condemnation and execution in writing an affectionate farewell to his wife and relations. After dinner he laid himself down to sleep as was his custom, when one of his judges arrived at the prison and intimated an intention to speak with him; upon being told that the earl was asleep, and had desired that he might not be disturbed, « he disbelieved the account which he considered as a device to avoid further questions. To satisfy him the door was half opened, and he then beheld, enjoying a sweet and tranquil slumber, the man, who, by the doom of him and his fellows, was to die within the space of two short hours!

« Struck with the sight, he hurried out of the room, quitted the castle with the utmost precipitation, and hid himself in the lodgings of an acquaintance who lived near, where he flung himself upon the first bed that presented itself, and had every appearance of a man suffering the most excruciating torture. »

This incident has furnished the hint upon which the Artist has produced an estimable picture. The composition, drawing, and expression, are of an higher order, the colouring is clear, harmonious, and forcible, the light and shade well distributed. It was painted in 1810 for Earl Grey, and has been engraved by E. Scriven for the Fine Arts of the English School.

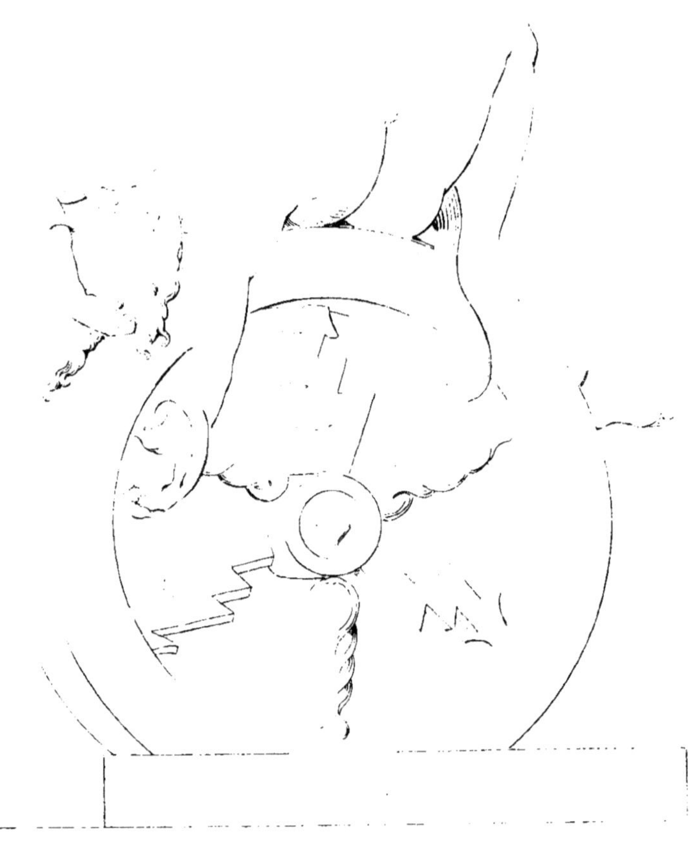

IXION.

Ixion, Roi de Thessalie, ayant eu une querelle avec un Prince voisin, le tua par trahison. Persécuté et repoussé de tout côté, Jupiter en eut compassion et l'enleva au Ciel.

Bientôt Ixion payant d'ingratitude les bienfaits du Dieu, traita Junon avec insolence. Jupiter irrité le frappa de la foudre, ordonna à Mercure de le conduire aux enfers et de l'attacher à une roue qui tourna toujours, punition qu'il dût souffrir éternellement.

Ce morceau est généralement regardé comme le meilleur ouvrage d'un jeune sculpteur, connu par son talent supérieur et sa fin triste et prématurée. Mort inconnu, on rencontre rarement des traces de son génie. Son Ixion se distingue par une originalité, une grandeur, une force de conception qui ont excité la plus haute admiration pour son talent. Cette statue est maintenant en la possession de sir Abraham Hume, baronet, à Wormley-Bury, qui a bien voulu permettre qu'il fût gravé pour la première fois dans cette collection.

IXION.

Ixion, king of Thessaly, having quarrelled with, and treacherously put to death, a neighbouring prince, was so persecuted by all mankind that Jupiter had compassion on him, and took him up to heaven. His conduct there was marked with insolence to Juno, and ingratitude to his benefactor; and Jupiter at length, after stuking him with a thunderbolt, ordered Mercury to conduct him to the infernal regions and there bind him to a wheel, which perpetually turning round, his punishment was doomed to be eternal.

This is usually instanced as the best work of a young sculptor remarkable for his superior abilities, and his premature and melancholy end. Dying neglected and unknown, specimens of his talents are now rarely met with. His Ixion is distinguished by an originality, grandeur, and vigour of imagination, that excites the highest admiration of his powers. It is in the possession of Sir Abraham Hume Bar^t. at WormleyBury, Herts, by whose favour it is now for the first-time engraved.

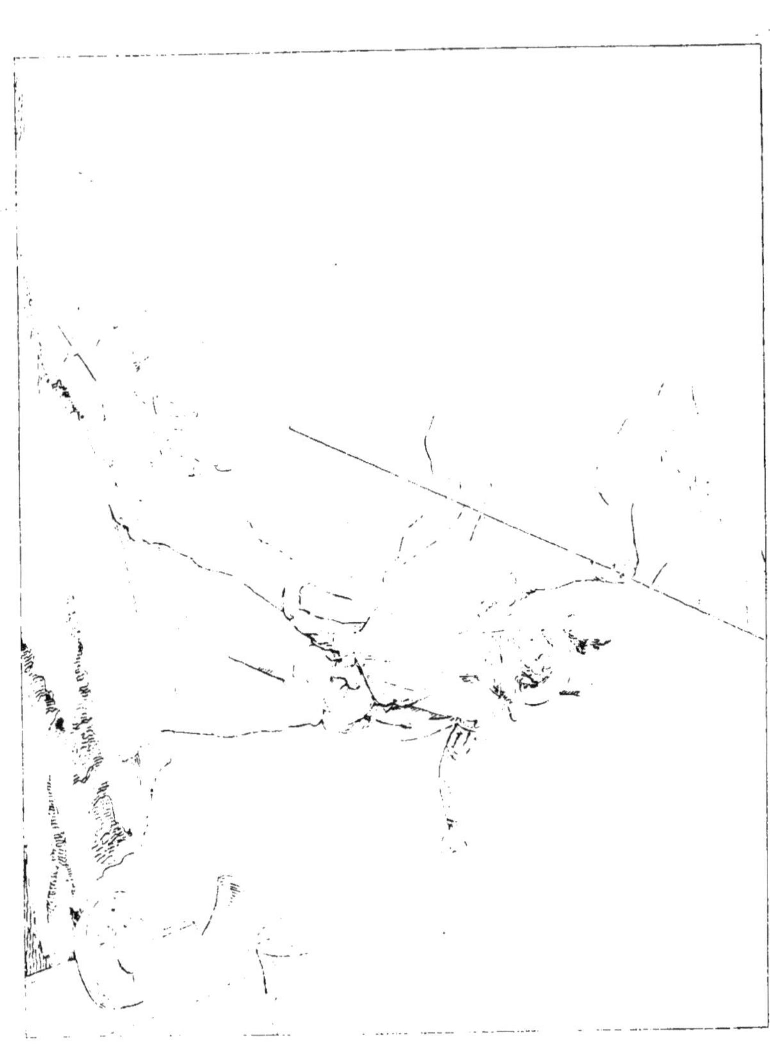

SMIRKE.

LE QUATRIÈME AGE.

« Bientôt soldat , prodigue de juremens étranges et le menton barbu comme
le léopard , jaloux sur le point d'honneur , emporté , toujours prêt à se que-
reller , cherchant une bulle d'air, la Renommée, jusque dans la bouche du
canon. »

SHAKSPEARE , *Comme il vous Plaira* , act. II.

La Quatrième Scène de la carrière si variée de l'homme ,
le représente sous l'influence d'idées guerrières. A la tête de
son régiment, il anime ses soldats de la voix, et par son exemple, les encourage à se précipiter au plus fort de la mêlée ;
il s'avance à la bouche du canon avec toute la détermination
d'un ancien militaire, et, plein de confiance dans le courage
de ceux qui le suivent, il paraît considérer le succès de l'entreprise comme assuré par l'intrépidité même de l'exécution.

Ce tableau fait honneur au peintre, qui sentit évidemment
toute la difficulté de rendre intéressante une bataille et ses
horreurs.

Il a été gravé par J. Ogborne.

THE FOURTH AGE.

« . . . . Then a soldier :
Full of strange oaths , and bearded like the pard ,
Jealous in honour, sudden and quick in quarrel ,
Seeking the bubble reputation
Even in the cannon's mouth. »

The Fourth Scene of man's varied career represents him under the influence of his warlike propensities. The hero of the story leads a party of soldiers, whom he animates by his voice and example, to the storming of a battery; he advances to the cannon's mouth with all the determined resolution of a veteran, and, relying on the courage of his followers, appears justly to consider the success of the enterprise as secured by the fearlessness of its execution.

The text imposed this subject on the painter, who evidently felt all the difficulty of rendering strife and bloodshed interesting, doubtless recollecting that

« *One* murder make a villain , *millions* a hero. »

This picture was engraved by J. Ogborne.

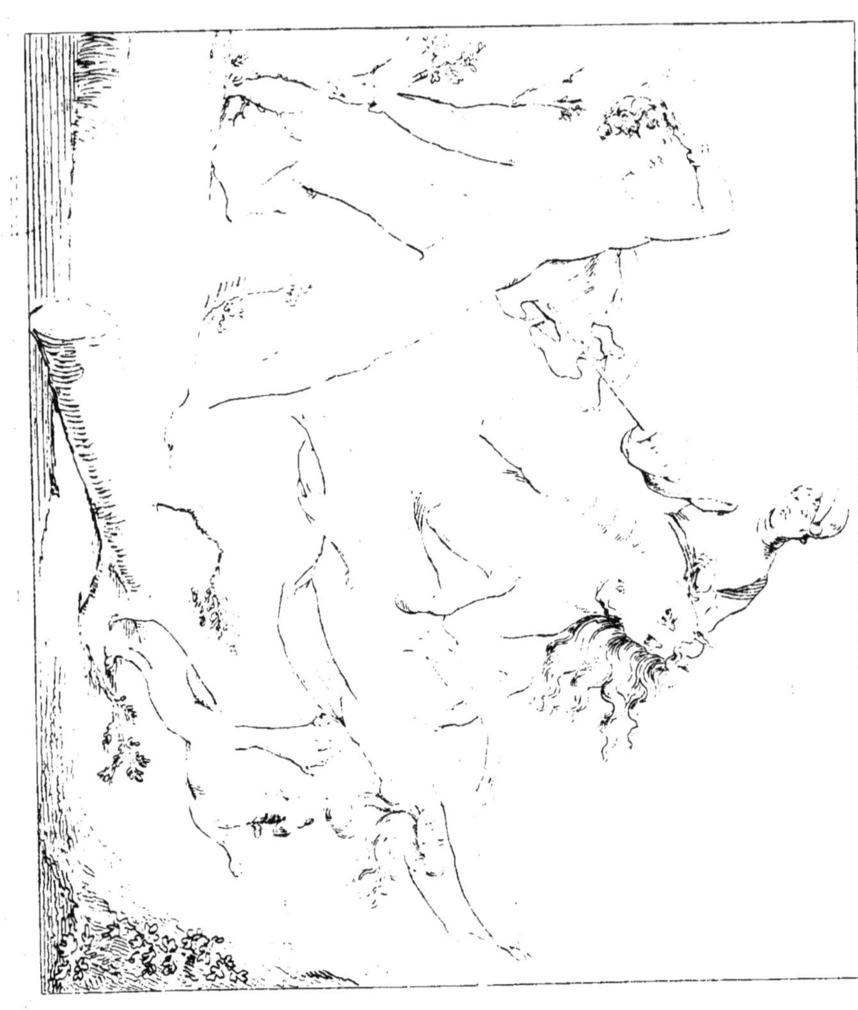

THÉODORE ET HONORIA.

Le sujet de cette gravure est pris dans la huitième nouvelle du cinquième jour du Décaméron de Boccace, ainsi décrit :

« Il lève la tête et voit une jeune et belle femme échevelée, sortant des broussailles et venant vers lui ; elle était poursuivie par deux énormes chiens qui la mordaient et lui faisaient jeter des cris lamentables à chaque instant. Bientôt il vit paraître un cavalier au teint basané, monté sur un cheval noir, le visage enflammé de colère, qui la poursuivait, une lance à la main, en l'accablant d'injures et menaçant de la tuer. Ce spectacle saisit Théodore d'étonnement et remplit son cœur d'horreur et de pitié. Emu de compassion, son premier mouvement fut de secourir Honoria ; mais, se trouvant sans arme, il coupe une branche d'arbre et se met au-devant des chiens.

Ce tableau parut à l'exposition de l'Académie royale de Londres, en 1817, et fut acheté par sir John Leicester, pour sa galerie des peintres Anglais : c'est une des plus belles productions de Fuseli ; l'action de Théodore tient de l'extravagance dans laquelle le peintre s'est quelquefois laissé entraîner, mais le tout en est bien conçu et exécuté avec soin. Le cavalier surtout porte bien avec lui la force et l'épouvante.

3 pieds sur 3 pieds 6 pouces .

THEODORE AND HONORIA.

THE incident which forms the subject of the annexed picture is related in the eighth Novel of the Fifth Day of Boccaccio's Decameron, and is thus paraphrased by Dryden;

> "He rais'd his head, and saw a beautous maid
> With hair dishevell'd, issuing from the shade;
> Two mastiffs, gaunt and grim, her flight pursu'd
> And oft their fasten'd fangs in blood imbru'd.
> Not far behind, a knight, of swarthy face,
> High on a coal-black steed pursued the chase:
> With flashing flames his ardent eyes were fill'd,
> And in his hand a naked sword he held;
> He cheer'd the dogs to follow her who fled,
> And vow'd revenge on her devoted head.
> As Theodore was born of noble kind,
> The brutal action roused his manly mind;
> Mov'd with th' unworthy usage of the maid,
> He, though unarm'd, resolv'd to give her aid,
> A sapling pine he wrench'd from out the ground,
> The readiest weapon that his fury found."

This picture was exhibited at the Royal Academy in 1817, and was purchased by Sir John Leicester for his Gallery of English Paintings. It is among the most efficient cabinet pictures of Fuseli; the action of Theodore, (the Anastatio of Boccaccio) partakes of the extravagance the Painter sometimes fell into, but on the whole it is a finely conceived and carefully executed work. « The spectre-huntsman of Onesti's line » in particular is forcibly and terifically expressed.

Size 3 feet 2 inches, by 3 feet 9 inches.

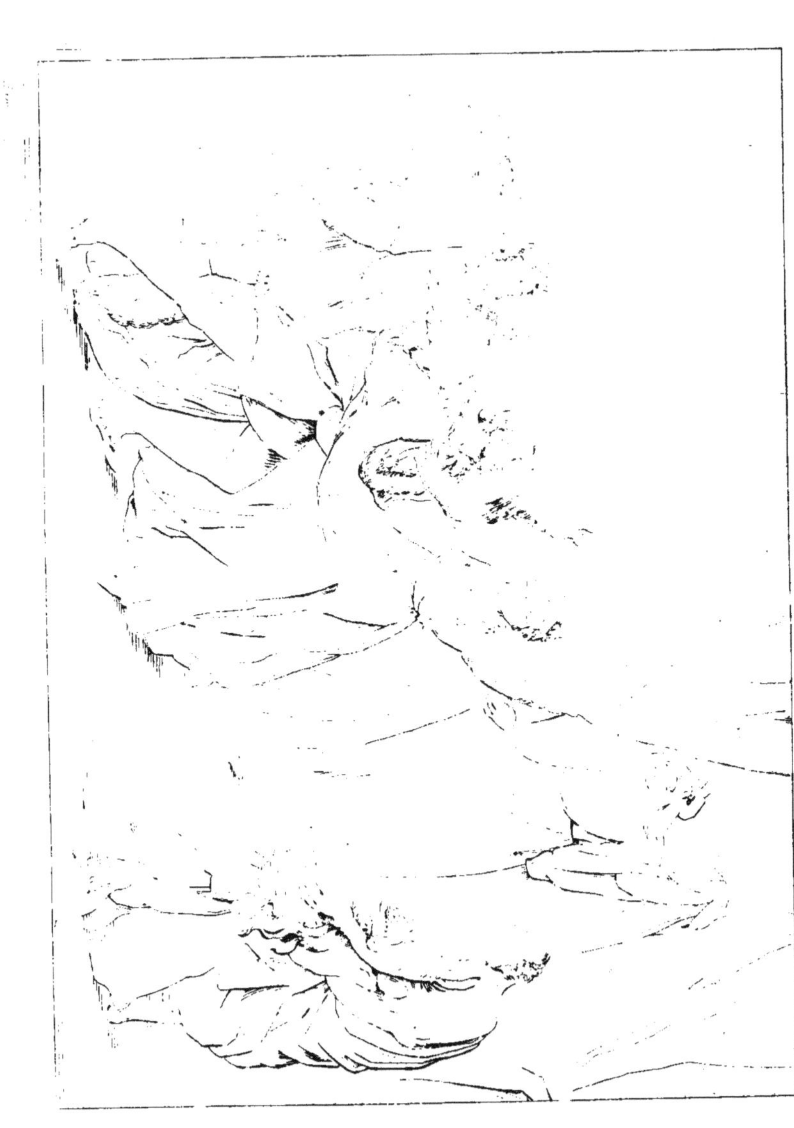

W. HAMILTON.

SCÈNE TIRÉE D'UN CONTE D'HIVER.

La dernière scène du conte d'hiver de Shakspeare a fourni le sujet de cette composition, c'est la réconciliation d'Hermione avec son époux Léontes, roi de Sicile, et sa fille Perdita.

Léontes, croyant sa femme infidèle, avait voulu la faire condamner après qu'elle eut mis au monde Perdita; mais elle s'échappa. Ce ne fut qu'après plusieurs années que Pauline, amie d'Hermione, voulut la rapprocher de son époux; elle engage Léontes et Perdita à venir voir sa statue chez elle. Après avoir attentivement considéré la figure de sa mère, Perdita s'agenouille et demande sa bénédiction, Léontes s'écrie :

« Eh quoi ! il me semble qu'il sort de sa bouche une espèce de souffle : quel habile ciseau a donc pu sculpter l'haleine ! Que personne ne rie, mais je veux l'embrasser. »

Pauline réprime un instant son ardeur; et, après l'avoir tenu quelque temps en suspens, elle invite la reine à descendre du piédestal où elle jouait la statue, et la rend ainsi à sa famille et à sa dignité.

Ce tableau est cité comme le meilleur du peintre, il est bien composé et peint avec soin; le vice de la manière s'y fait moins sentir que dans ses autres ouvrages. Il a été peint pour la galerie de Boydell, et gravé pour la grande collection, par R. Thew.

SCENE FROM THE WINTER'S TALE.

Tnis composition, taken from the last scene in Shakspeare's play of the Winter's Tale, represents the restoration of Hermione to her husband, Leontes, King of Sicilia, and her daughter, Perdita, who believing her dead, had been brought by Paulina to see her Statue. After gazing intently upon the figure of her mother, Perdita kneels and implores a blessing, and Leontes exclaims

         . . . . Methinks
There is an air comes from he : what fine chisel
Could ever yet cut breath ? Le no man mock me,
For I will kiss her.

His eagerness is checked by Paulina, who, after holding him sometime longer in suspense, at length invites the Queen to descend from the pedestal where she had personated a statue, and restores her to her family and dignity.

This picture is usually cited as the best production of its painter, being well composed and painted, and less disfigured by the vice of manner than the generality of his works. It was painted for Boydell's Gallery, and engraved for the larger series of the Shakspeare Prints by R. Thew.

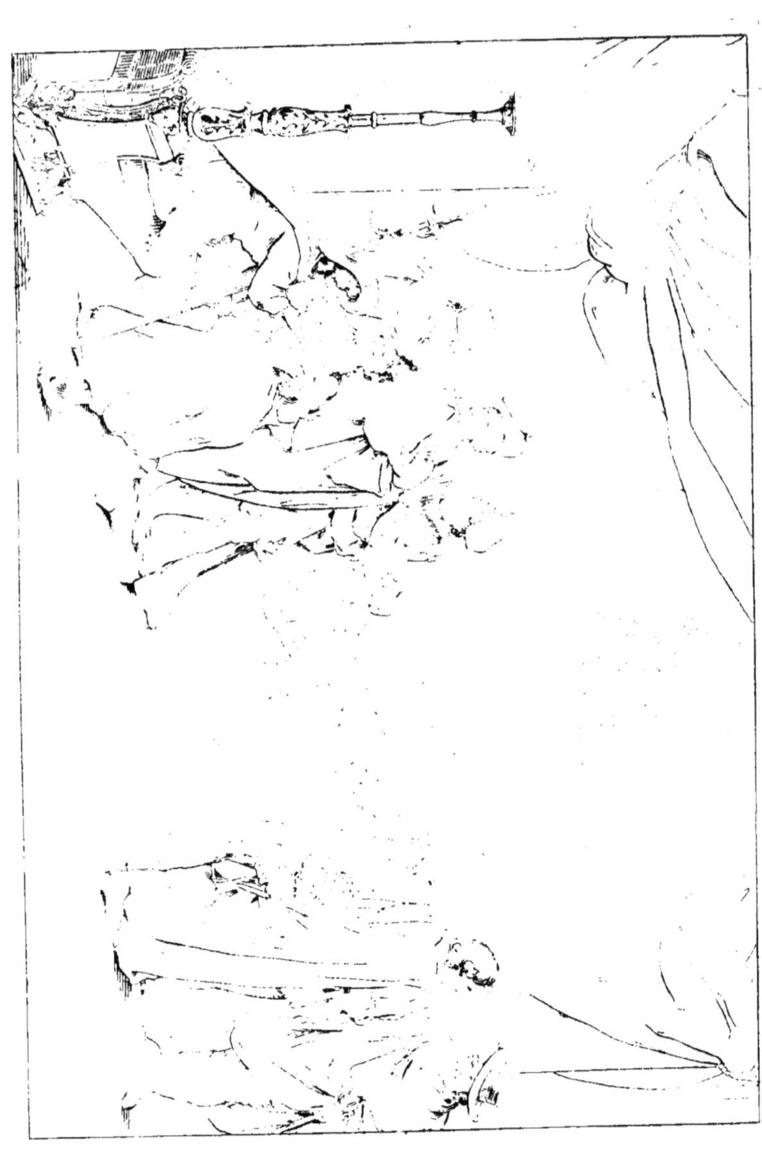

MILLER.

SCÈNE DE ROMÉO ET JULIETTE.

Cette composition représente la scène du bal masqué, que donne Capulet. (Shakspeare, *Roméo et Juliette*, acte Ier.) La première entrevue de ces amans de Vérone, *unis sous une étoile funeste*, eut lieu à cette fête. A gauche, Roméo, sous le costume d'un pélerin, prend la main de sa belle maîtresse, et lui dit :

« Si d'une main trop indigne j'ai profané la sainteté de l'autel, voici la douce expiation de ma faute : mes lèvres sont prêtes à adoucir par un tendre baiser la rude impression de ma main. »

Juliette prend trop d'intérêt aux manières gracieuses et polies du jeune homme pour résister à ses prières ; mais leur conversation est interrompue par la nourrice que l'on voit derrière eux. A droite, Tybalt furieux, vient de reconnaître Roméo, et le montre à Capulet :

« Mon oncle, cet homme est un Montaigu, notre ennemi..... ce traître de Roméo.

Capulet. Modère-toi, mon cher neveu ; laisse-le en paix, il a l'air d'un noble cavalier ; et, pour dire la vérité, tout Vérone le vante comme un jeune homme distingué et d'une conduite honorable. Je ne voudrais pas, pour tous les trésors de cette ville, lui faire ici, dans ma maison, la moindre insulte. »

Le second plan est occupé par des danseurs masqués et des musiciens, adroitement disposés. La composition est remplie sans être encombrée, l'architecture est riche et bien appropriée au sujet. La diversité des costumes aide encore à l'effet de ce beau tableau.

Il a été peint pour la galerie de Boydell, et gravé avec beaucoup de sentiment par Anker Smith.

SCENE IN ROMEO AND JULIET.

This composition represents the Masquerade Scene in Act I. of Shakspeare's Romeo and Juliet. The first interview of the ill-starred lovers of Verona took place on that festive occasion; they are seen on the left, Romeo, who is' in the garb of a pilgrim, takes the hand of his fair mistress and commences the colloquy with

> « If I profane with my unworthy hand
>   This holy shrine, the gentle fine is this ,
> My lips, two blushing pilgrims ready stand
>   To smooth that rough touch with a tender kiss. »

Juliet is too deeply interested in the graceful appearance of the young palmer to resist his prayers, but their conference is interrupted by her Nurse, who is seen behind her. On the right, the furious Tybalt having descried Romeo, points him out to Capulet

> « Uncle this is a Montague our foe
> * * * that villain , Romeo.
> *Capulet.* Content thee , gentle coz , let him alone
> He bears him like a portly gentleman ,
> And to say truth, Verona brags of him ,
> To be a virtuous and well-govern'd youth :¡
> I would not for the wealth of all this town ,
> Here in my house , do him disparagement. »

The centre and background are occupied by Masquers, dancers , and musicians , skilfully disposed ; the composition is full without being crowded, the architecture is rich and appropriate, and the subject permits a licence in costume which essentially aids the effect of this successful and highly-pleasing picture. It was painted for Boydell's Gallery , and engraved with great feeling by Anker Smith for the smaller illustrations.

TIVOLI.

L'ancien Tibur, dont les siècles nous ont conservé un doux souvenir, Tivoli, formé de sites enchanteurs et orné des *villas* magnifiques d'Adrien, de Mécène, etc., est situé sur la rivière de l'Anio, appelé aujourd'hui Teverone, qui prend sa source dans les montagnes Sabines, et coule jusqu'à ce qu'il vienne se précipiter du haut des rochers pour former plusieurs belles cascades ; ce lieu a souvent inspiré les Muses et fait enfanter plusieurs beaux ouvrages d'art.

La gravure que nous donnons représente la *Cascatella*, ou petite Cascade, et la maison de campagne de Mécène dans le fond. La Cascatella est formée par une branche de la Teverone, détournée de sa source principale, et qui traverse une partie de la ville pour l'usage des habitans. Cette source, sortant d'un bois qui couronne la hauteur, tombe presque aussitôt en déployant une suite de nappes verdoyantes.

Ce tableau est une des plus heureuses productions de Wilson, le style en est simple, noble et bien conçu ; le clair-obscur est large et naturel, le coloris brillant et harmonieux, et la touche facile. Il fait partie de la collection donnée au collége de Dulwich, par sir François Bourgeois, et a été gravé plusieurs fois.

MECÆNAS'S VILLA, TIVOLI.

TIVOLI, the ancient Tibur, famous through ages for the beauty of its site and the magnificent Villas of Adrian, Mecænas, etc., is situated on the river Anio, now called Teverone, which, rising in the Sabine mountains, flows on till it is here precipitated over a ridge of rocks in one grand and several smaller streams. It has long been the favourite resort of the Muses, and has furnished materials for many splendid works of art. The accompanying picture represents the Cascatella, or lesser Cascade, with the Villa of Mecænas in the distance. The Cascatella is formed by a branch of the Teverone that has been diverted from the main stream and conducted through a portion of the town for the use of the inhabitants ; it then emerges from the wood-crowned heights, and falls down a succession of verdant declivities.

This is amongst Wilson's happiest efforts, it is conceived and executed in a grand and simple style, the light and shade is broad and natural, the colouring brilliant and harmonious, and the touch and pencilling characterized by a masterly freedom. It forms part of the Collection bequeathed to Dulwich College by Sir Francis Bourgeois, and has been repeatedly engraved.

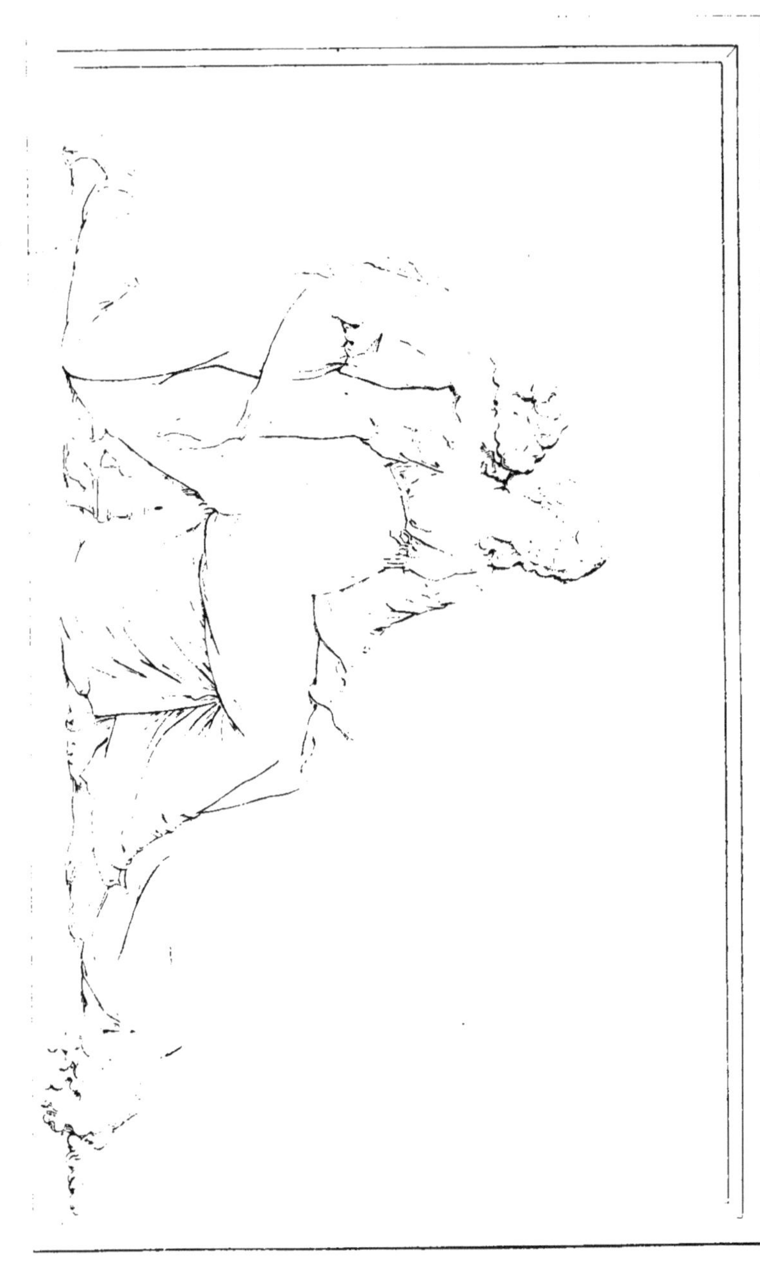

MORT DE CLÉOPATRE.

Ce sujet est pris dans la dernière scène de la tragédie d'Antoine et Cléopâtre de Shakspeare. La reine d'Egypte n'ayant pu parvenir à exciter la pitié d'Octave César, se résoud à suivre l'exemple de Marc Antoine, et, ayant trouvé le moyen de se procurer un aspic caché dans un panier de figues, elle applique ce serpent dangereux du Nil sur son sein, en s'écriant :

« Viens, toi qui donnes la mort : que ta dent aiguë tranche d'un seul coup le nœud de ma vie. Allons, pauvre animal venimeux, courrouce-toi et achève. Oh ! que ne peux-tu parler pour que je puisse t'entendre appeler le grand César un âne impolitique ! »

Ce bas-relief, plein de goût, exécuté par Anne Seymour Damer, est un témoignage des progrès de cette dame - artiste dans les arts. Il a été gravé par R. Hellyer et a été mis en tête du second volume de la grande collection de Boydell.

DEATH OF CLEOPATRA.

Tнıs subject is taken from the concluding scene of Shakspeare's Tragedy of Antony and Cleopatra. The Queen of
Egypt, having failed in her wish to excite the pity of Octavius
Cæsar, resolved to follow the example of her departed lover;
and, contriving to procure an asp in a basket of figs, she
applied the venomous worm of Nile to her breast, exclaiming

> « Come, mortal wretch ,
> With thy sharp teeth this knot intrinsicate
> Of life at once untie : poor venomous fool ,
> Be angry, and dispatch — O, could'st thou speak!
> That I might hear thee call great Cæsar , ass
> Unpolicied ! »

This tasteful composition was modelled in basso-relievo by
the honourable Anne Seymour Damer, of whose proficiency
in the arts it affords a favourable testimony ; and it was engraved by R. Hellyer as a vignette title to the second volume
of Boydell's large Shakspeare.

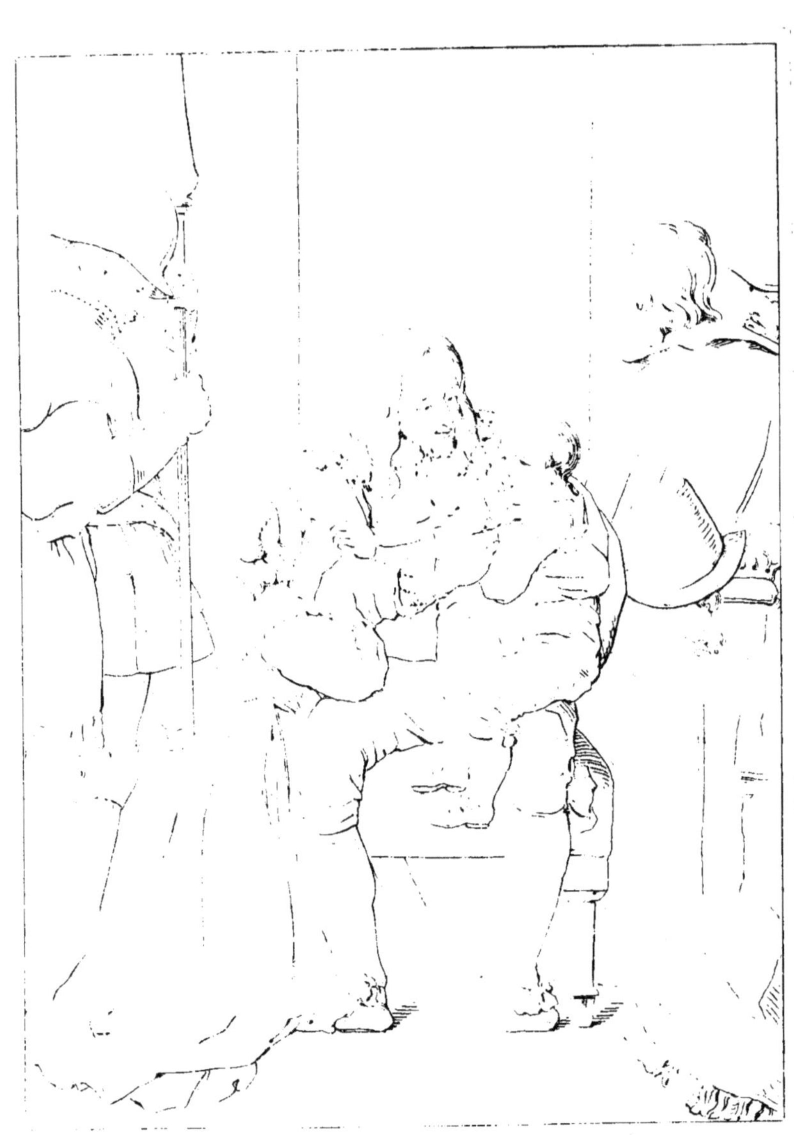

ADIEUX DE CHARLES Ier. A SA FAMILLE.

La Haute Cour de Justice, assemblée par le Parlement, pour le procès de Charles Ier., prononça la sentence de mort le 27 janvier 1649, et ce prince fut décapité le 30 janvier suivant.

Dans l'intervalle de la condamnation à l'exécution, la princesse Élisabeth et le duc de Gloucester, les deux enfans de Charles Ier., qui restaient alors en Angleterre, furent seuls admis auprès de lui. La princesse n'avait que quatorze ans, mais elle avait déjà un esprit mûr, et était d'une telle sensibilité, que sa mort, qui arriva peu de temps après cet événement, fut généralement attribuée à la douleur qu'elle ressentit de voir les persécutions auxquelles sa famille était en proie. Après avoir essayé vainement de consoler cette intéressante enfant, Charles prit son jeune frère sur un genou et lui dit : Écoute, mon enfant, ce que je vais te dire : Ils vont faire tomber ma tête ! et peut-être faire de toi un roi ; mais entends mes paroles ; tu ne dois pas être roi tant que vivront tes frères Charles et Jacques. S'ils trouvent tes frères ils les feront périr ? et tu ne seras peut-être pas toi-même à l'abri de leurs coups ! Ne te laisses donc pas nommer roi par eux ! L'enfant, frappé de la dignité avec laquelle avait été prononcée cette exhortation, répondit aussitôt : « Ils me mettront plutôt en pièces ! »

On reconnaît aisément la main d'un maître dans la composition de cette intéressante entrevue. L'expression qui règne dans ce groupe est de caractère à éveiller une sympathie en harmonie avec le sentiment qui appartient à cette scène pathétique.

Ce tableau a été bien gravé par W. Bromley, pour la belle édition de l'Histoire d'Angleterre de Hume, qu'a publié Bowyer.

CHARLES I. TAKING LEAVE OF HIS FAMILY.

The High Court of Justice appointed by the Parliament for the trial of Charles I. passed sentence upon him January 27, and he was beheaded January 30, 1649. In the interval between his condemnation and execution, the princess Elisabeth and the Duke of Gloucester, his only children remaining in England, were allowed access to him. The princess was about fourteen years of age, of a mature judgment, and such keen sensibility that her death, which soon followed the event here depicted, was generally attributed to grief for the calamities of her family. After vainly endeavouring to console this interesting girl, Charles took her young brother on his knee, and thus addressed him : « Mark, child! what I say : they will cut off my head! and perhaps make thee a king : but mark what I say : thou must not be a king, as long as thy brothers Charles and James are alive. They will cut off thy brothers' heads, when they can catch them! and thy head too they will cut off at last! Therefore I charge thee, do not be made a king by them!" The boy, deeply impressed with the solemnity of the exhortation, earnestly replied " I will be torn in pieces first ! "

The hand of a master is easily discernible in the composition illustrative of this affecting interview. The grouping and expression are of a character to awaken sympathy and harmonize with the sentiments belonging to this pathetic incident. It was cleverly engraved by W. Bromley, for Bowyer's magnificent edition of Hume's History of England.

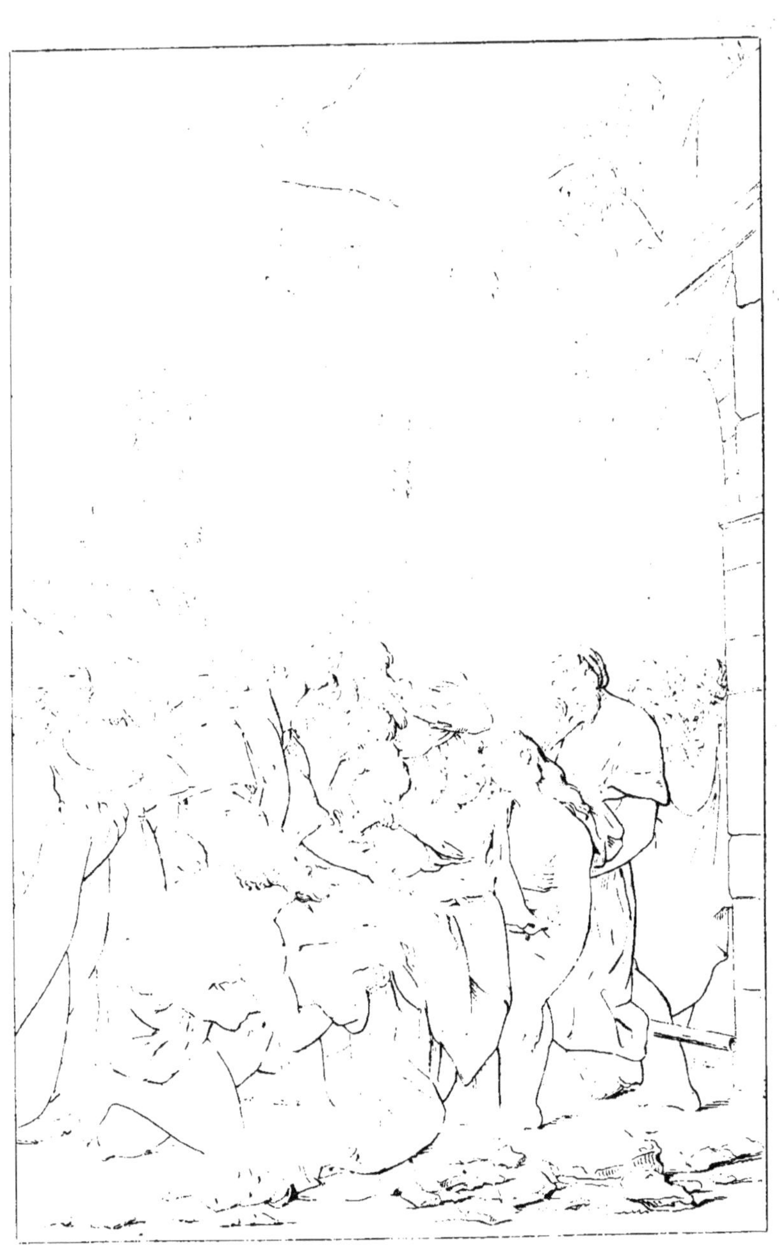

LAPIDATION DE SAINT ÉTIENNE.

La mort de ce premier martyr est rapportée dans le VIIe. chapitre des Actes des apôtres. « ... Mais lui étant rempli » du Saint-Esprit, et ayant les yeux attachés au ciel, vit la » gloire de Dieu, et Jésus étant à la droite de Dieu. — Et il » dit : Voici, je vois les cieux ouverts, et le fils de l'homme » étant à la droite de Dieu. — Alors ils s'écrièrent à haute » voix et bouchèrent leurs oreilles, et, tous d'un accord, ils » se jetèrent sur lui. — Et l'ayant tiré hors de la ville, ils le » lapidèrent, et les témoins mirent leurs vêtemens aux pieds » d'un jeune homme, nommé Saul. — Et ils lapidèrent » Étienne qui priait et disait : Seigneur Jésus, reçois mon » esprit! — Et s'étant mis à genoux, il cria à haute voix : » Seigneur, ne leur impute point ce péché! Et quand il eut » dit cela, il s'endormit. »

Ce beau tableau donné par son auteur à l'église de Saint-Étienne à Londres, est placé au-dessus de l'autel. West le peignit au commencement de sa longue et honorable carrière, et cependant il est considéré comme une de ses meilleures productions.

Il a été gravé en mezzo-tinte, par R. Dunkarton.

17 pieds sur 9 pieds 5 pouces.

STONING OF SAINT STEPHEN.

THE death of the proto martyr is narrated in the VII chapter of the Acts of the Apostles :

But he being full of the Holy Ghost, looked up stedfastly into heaven and saw the gloryof God , and Jesus standing ou the right hand of God.

And said, Behold, I see the heavens opened, and the son of man standing on the right hand of God.

Then they cried out with a loud voice, and stopped their ears, and ran upon him with one accord,

And cast him out of the city , and stoned him : and the witnesses laid down their clothes at a young man's feet, whose name was Saul.

And they stoned Stephen, calling upon God, and saying. Lord Jesus, receive my spirit,

And he knelt down , and cried with a loud voice, Lord, lay not this sin to their charge. And when he had said this, he fell asleep.

This fine picture is the present Altar-piece in the church of Saint Stephen Walbrook, London , having been given to that Parish by its painter : it was executed early in his long and honourable career, and ranks among his most approved productions. It has been engraved in mezzo-tinto by R. Dunkarton.

Size 18 feet by 10 feet.

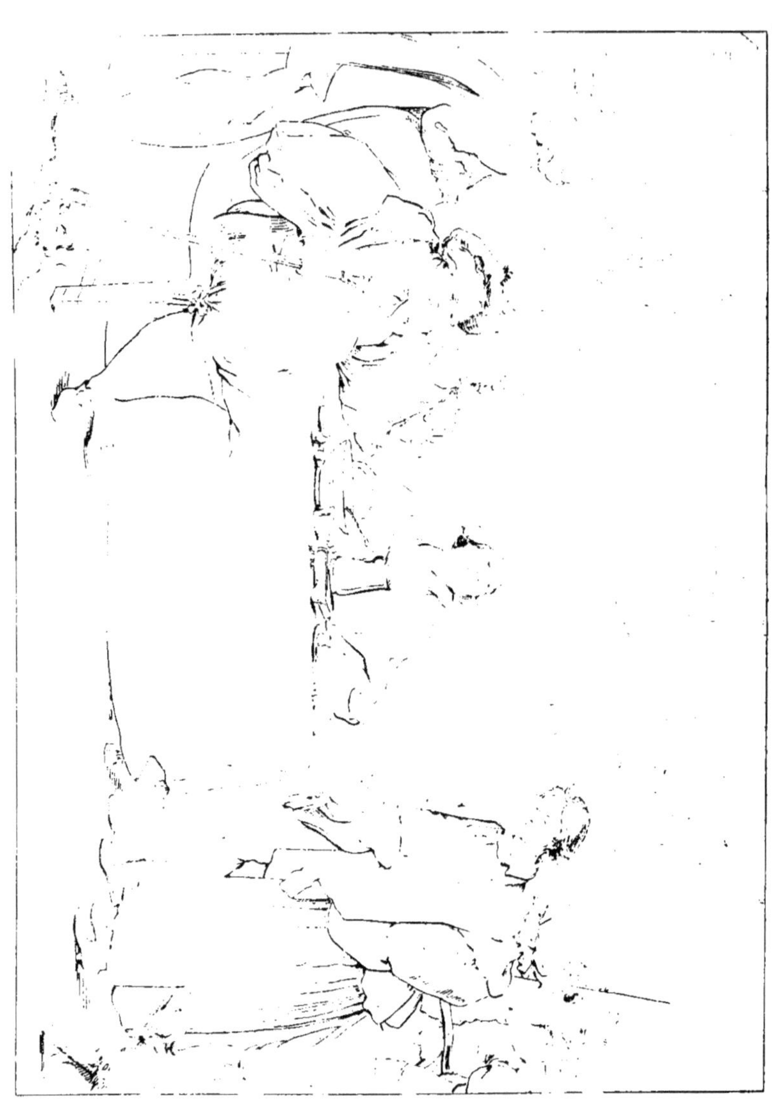

LE CINQUIÈME AGE

« Après lui, c'est le juge au ventre arrondi , garni d'un bon chapon, l'œil
sévère , la barbe taillée d'une forme imposante ; il abonde en vieilles sen
tences , en maximes vulgaires , et c'est ainsi qu'il joue son rôle. »

Shakspeare , Comme il vous plaira , act. II.

Le Cinquième Age est un des plus heureux efforts de l'artiste. La scène se passe dans une salle de justice. Le constable sortant de dîner est tout disposé à bien interpréter et
commenter la loi. Son vénérable confrère et lui ont interrompu les propos joyeux de la table , pour prononcer sur la
culpabilité de deux accusés; le magistrat, son flatteur et le
chapelain puritain, forment le trio de la justice. La coupable
cache sa figure dans son tablier, et son co-accusé , sous la sur-
veillance spéciale du constable et avec la conviction de sa
faute, tremble devant le tribunal redoutable. Il paraît écou-
ter attentivement la harangue du magistrat avec cette appa-
rence de l'humilité, que l'on peut prendre pour du repentir
et pour l'intention d'une meilleure conduite à l'avenir.

Ce tableau a été gravé par J. P. Simon.

THE FIFTH AGE.

. . . . « And then, the justice ;
In fair round belly, with good capon lin'd ,
With eyes severe, and beard of formal cut ,
Full of wise saws and modern instances ,
And so he plays his part. »

The Fifth Age has elicited one of the most happy efforts of the artist. The scene is laid in the justice's hall ; his worship, having recently dined, is therefore entirely at leisure to expound and enforce the law. His venerable companions and himself have suspended the jovial rites of the tankard and bowl to anathematize the culpability of two offenders , whose transgression against the laws of the land is not to be vindicated in eyes severe by any allusion to the laws of God and Nature ; and the rigid justice, his toad-eater, and the puritanical chaplain join in a concerted trio, the burthen of which is probably Hamlet's splenetic exclamation , « Frailty, thy name is woman! » The fair « poacher upon nature's manor, » who hides her face in her apron, and her partner in delinquency, under the special care of the constable, tremble before the dread tribunal with all the conciousness of guilt , and passively listen to the sage's harangue with a semblance of attention and humility that may be charitably construed into repentance and resolutions of amendment.

This subject was engraved by J. P. Simon.

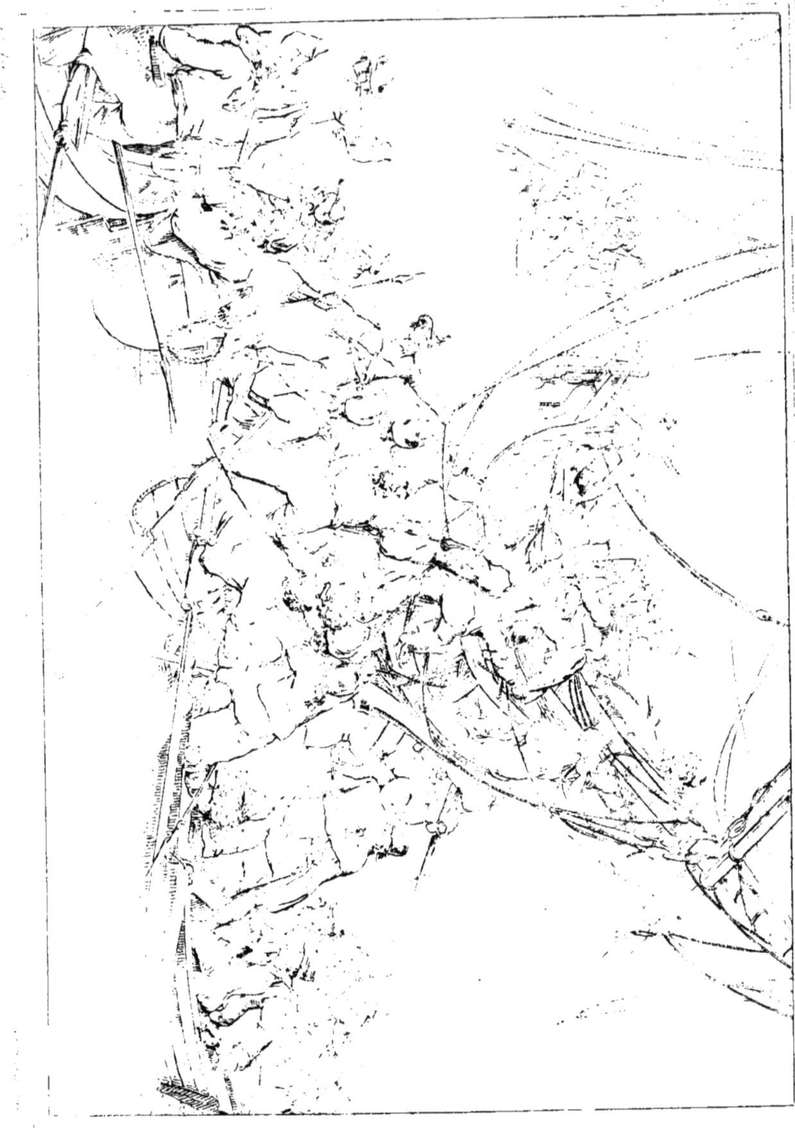

ATTAQUE DE LA CHEVRETTE.

Cette composition rappelle une de ces actions désespérées qui caractérisent particulièrement le service naval. Dans la nuit du 21 juillet 1801, les frégates anglaises *Doris*, *Beaulieu* et *Urania*, formant partie d'une escadre, étaient au large de Brest. On fit remplir leurs chaloupes de volontaires, sous le commandement des lieutenans Lusack et Keith Maxwell, dans l'intention d'attaquer la corvette française *la Chevrette*, de 20 canons, stationnant dans la baie de Camaret, complètement approvisionnée et équipée pour un voyage à Saint-Domingue, et forte de 350 hommes. Les chaloupes se mirent en marche vers le vaisseau, en prenant la précaution habituelle d'envelopper les avirons, et observant le plus grand silence possible; mais ils furent reconnus à quelque distance, et à l'instant un feu vif partit des batteries de la côte et du vaisseau lui-même, qui était préparé à les recevoir. Un combat terrible s'engagea et se prolongea avec un courage extraordinaire pendant deux heures et demie. Lorsque *la Chevrette* amena son pavillon, le pont était couvert des corps mutilés des deux partis.

On voit ici le commencement de cette action sanglante: les chaloupes anglaises approchent et se groupent à l'avant de *la Chevrette*, et les hommes qui les montent, armés de piques et de couteaux d'abordage, cherchent à y pénétrer. Les marins français leur opposent une résistance opiniâtre, leurs armes à feu ont déjà donné la mort à un matelot et à deux officiers de marine.

Ce tableau parut à l'exposition de l'Académie royale de Londres, en 1802; il est composé et peint avec énergie et est d'un grand effet. Une bonne gravure en a été faite par J. Fittler.

CUTTING OUT LA CHEVRETTE.

Tᴴɪs picture records one of those desperate actions which peculiarly characterize the naval service. In the night of the 21 ˢᵗ. of July, 1801 , the boats of the English frigates *Doris, Beaulieu,* and *Urania,* at that time forming part of the in-shore squadron off Brest, were manned with volunteers from those vessels under the command of Lieutenants Lusack and Keith Maxwell, for the purpose of attacking the French corvette *la Chevrette,* mounting 20 guns, then laying in Camaret-Bay, completely stored and equipped for a voyage to Sᵗ. Domingo with a crew of 350 men. The boats proceeded with the usual precaution of muffled oars and the utmost possible silence towards the ship, but were discovered at some distance, and immediately saluted with a heavy fire, as well from the batteries on shore as from the vessel itself, which was perfectly prepared for their reception. A murderous conflict ensued, and was maintained with extraordinary courage and perseverance for two hours and a half; and the deck of *la Chevrette,* when she struck her colours was literally covered with the mangled bodies of the contending parties.

The commencement of this sanguinary affair is here represented ; the English boats approach and cluster round the head of *la Chevrette,* and their crews, armed with boarding-pikes and cutlasses, are climbing into the bows; they are met and vigorously opposed by the French seamen, whose fire-arms have already brought down a marine, and two naval Officers of the assailants ; peculiarly exposed at this period of the action to the missiles of the ship. This picture, which appeared at the exhibition of the Royal Academy, in 1802 , is composed and painted with considerable energy of character and depth of effect, and has been carefully engraved by J. Fittler.

172.

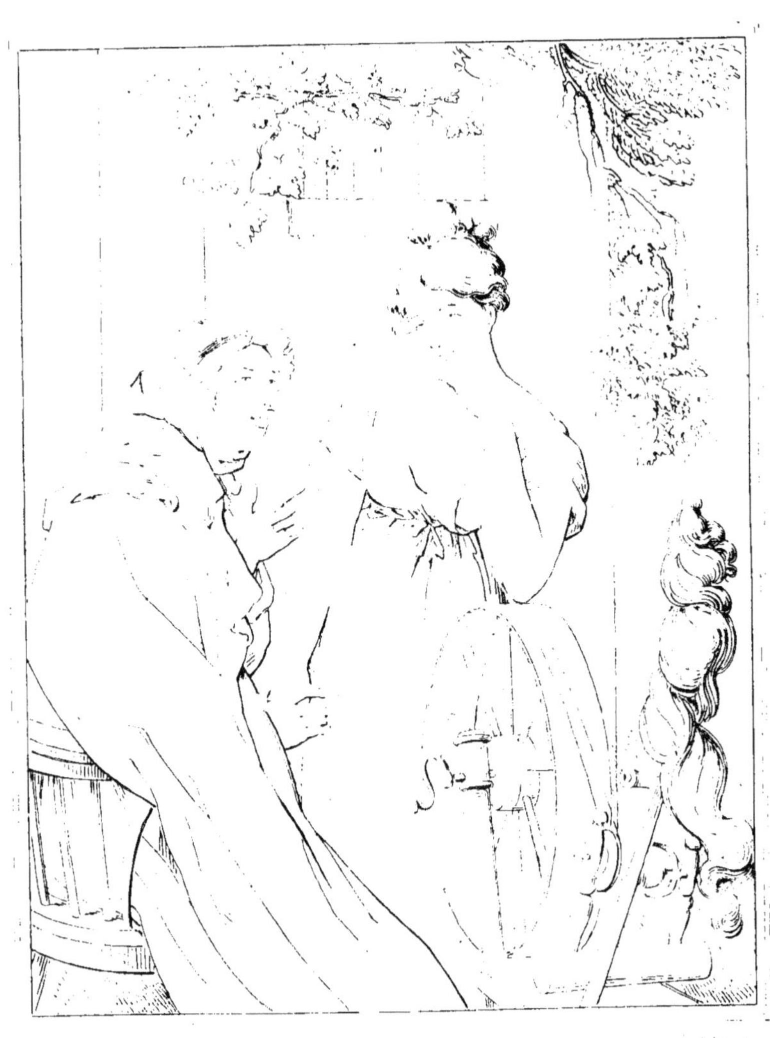

LA DISEUSE DE BONNE AVENTURE.

Une jeune fille interroge une Bohémienne sur sa destinée future; celle-ci, après avoir bien observé les lignes transversales de sa main, lui prédit d'une voix assurée le sort qui lui est réservé, et ce sort doit toujours être heureux.

Cet ouvrage intéressant est dû au pinceau d'un artiste dont le genre était principalement le portrait. Il est exécuté d'une manière qui ne laisse aucun doute sur ses prétentions à vouloir briller au premier degré dans son art.

Ce tableau se recommande par la composition, le caractère, le dessin, le coloris et le naturel. Il parut à l'exposition de l'Académie royale à Londres, en 1808, et fut acheté par Sir John Leisester pour sa belle collection de tableaux anglais. Il a été gravé en mezzo-tinte par W. Say.

4 pieds 2 pouces, sur 3 pieds 3 pouces.

A FORTUNE TELLER.

Wʜɪʟsᴛ black-ey'd Susan ply'd her murmuring task,
  A rural prophetess by chance pass'd by,
Now , now's my time : my future fate I'll ask :
  Be seated , dame , and tell my fortune ; try.
Her wheel within thy brain she twirls ; that's known ,
Then with an idle elbow stops her own ;
Her fingers , too , full willingly resign
Their open'd palm, perus'd is every line.
We say no more , but if her ears deceiv'd
Observe her eyes ! The flattering tale's believ'd.

Tʜɪs is an interesting performance by an Artist whose pencil was chiefly employed in portraiture. It is conceived and executed in a manner that fully confirms his pretensions to shine in the higher walks of Art, and for composition, character, drawing, and colouring, for general propriety and adherence to Nature, deserves great commendation. It appeared in the Royal Academy exhibition, in 1808, and was purchased by Sir John Leicester, for his noble collection of British pictures. It has been engraved in mezzo-tinto by W. Say.

Size, 4 feet 6 inches , by 3 feet 6 inches.

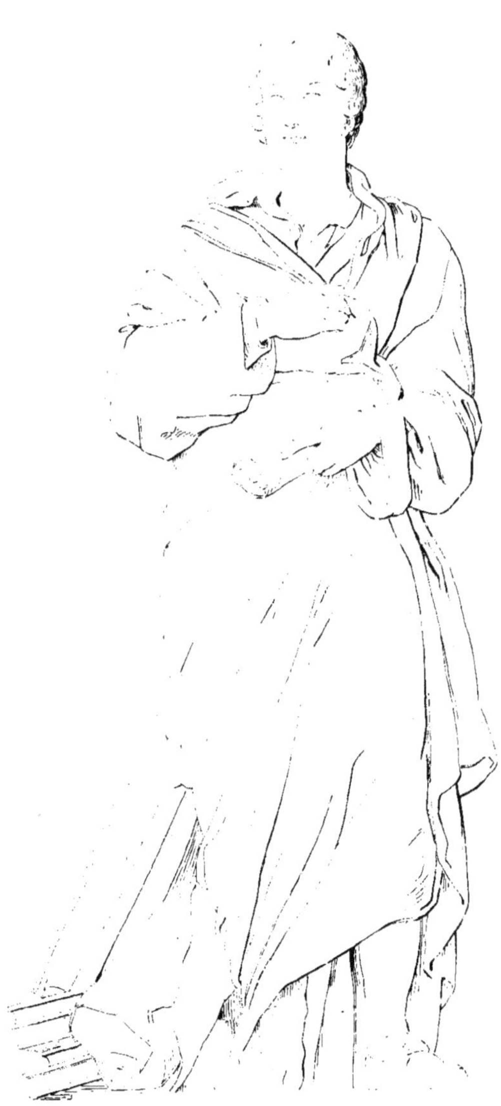

ADDISON.

Joseph Addison , l'un des soutiens les plus distingués de la littérature anglaise, et qui, pendant nombre d'années, fut le modèle des écrivains prosateurs de son pays, mourut au mois de juin 1719. Depuis, un siècle s'est écoulé, et l'auteur de *Caton* est resté inaperçu parmi quelques tombes sans monument dans l'abbaye de Wesminster, omission des plus impardonnables, causée par la promptitude avec laquelle les honneurs de la sépulture étaient rendus à des hommes moins célèbres et moins utiles. Cette faute grave n'existe plus ; une statue, digne du nom qu'elle rappelle , a été érigée depuis peu sur les restes de cet homme remarquable : il est représenté couvert d'une robe flottante, et dans une attitude de contemplation réfléchie. Le rouleau de papier qu'il tient dans sa main gauche , les livres déposés à ses pieds , et l'expression qui règne dans toute sa personne indiquent assez un auteur.

Le goût judicieux de l'artiste, qui a su remplacer la large perruque et l'habillement du temps par un costume simple et gracieux, mérite les plus grands éloges.

ADDISON.

Joseph Addison, one of the chief ornaments of English lite-
rature, in what has been often called its Augustan age, and
for many succeeding years the model of English prose writers
died in June 1719. From whatever cause a century elapsed
and the author of Cato remained undistinguished by any se-
pulchral memorial in Westminster Abbey; an omission the
more remarkable from the promptitude with which those honours have been rendered to individuals less eminent and
less useful. That national reproach exists no longer, as a
statue worthy the name it commemorates has been lately
erected in « the Poet's Corner, » the South Transept of that
venerable structure. He is represented in a loose robe, in an
attitude of steady contemplation, the roll of paper at his left
hand, the volumes near his feet, and the action and expression of the whole figure sufficiently indicate the author. The
judicious taste of the sculptor who has rejected the full-bot-
tomed peruke and costume of the Spectator's time, for a
style of dress at once simple, graceful and effective, merits
the highest praise.

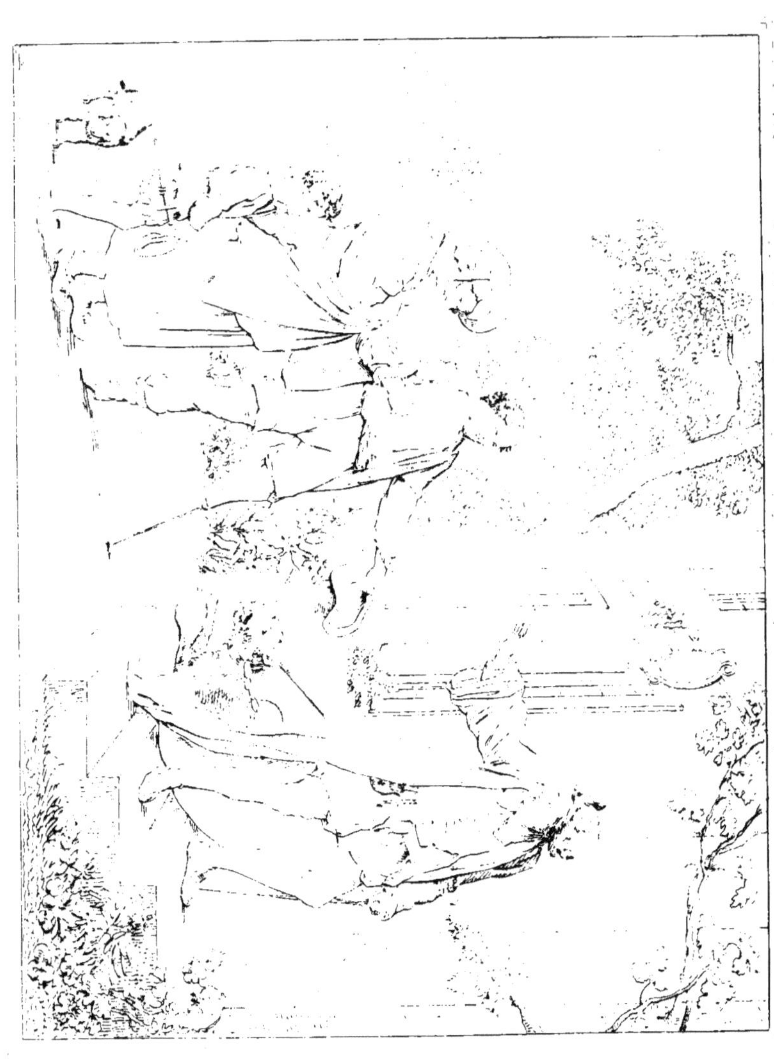

LE SIXIÈME AGE.

« Le Sixième Age offre un maigre pantalon en pantoufles , avec des lunettes sur le nez et des poches sur les côtés : le haut de chausse conservé de sa jeunesse se trouve maintenant trop vaste pour sa jambe rétrécie ; sa voix jadis forte et mâle , aiguisée en fausset d'enfant , ne fait plus que siffler d'un ton aigre et grêle. »

SHAKSPEARE , *Comme il vous Plaira* , act. II.

L'empire de l'avarice et l'approche du radotage qui se font sentir à cet âge, et qu'a voulu faire entendre le poëte, ont été adroitement traités par le peintre, qui a choisi un soldat vieux et pauvre, accompagné de sa femme et de son enfant, pour contraster avec le « maigre Pantalon en pantoufles. » Le vétéran en cheveux gris, supporté sur une jambe de bois, ouvre sa veste pour laisser voir les preuves honorables des souffrances qu'il a éprouvées pour la cause de son pays ; il tend la main avec respect et demande quelque léger secours, moins pour lui que pour les compagnons de sa misère, qui attendent patiemment le résultat de sa prière. Peu touché ni de l'âge ni des privations qu'ils n'ont point méritées, ne daignant pas jeter les yeux sur des cicatrices respectables, le vieillard intéressé refuse d'entendre la voix du suppliant, et lui tourne le dos ; pendant ce temps le chien attentif, guidé par la voix de son maître, répond de tout son pouvoir à ce refus.

Ce tableau a été gravé par Leney pour l'alderman Boydell.

THE SIXTH AGE.

    . . . . The sixth age shifts
Into the lean and slipper'd pantaloon;
With spectacles on nose, and pouch on side;
His youthful hose, well sav'd, a world too wide
For his shrunk; shank and his big manly voice,
Turning again toward childish treble, pipes
And whistles in his sound. »

THE dominion of avarice and the approaching dotage incidental to this stage of mortality, hinted at by the poet, has been dexterously amplified for his purpose by the painter, who has taken as vehicles of expression a disabled soldier his wife and children, and contrasted them with the « lean and slipper'd pantaloon.» The grey-haired veteran supported on a wooden leg, opening his vesture, and displaying farther honourable proofs of his sufferings in his country's cause, extends his hand with respectful confidence, as he solicits relief, less for himself than for the sharers of his poverty, who patiently await the result of this appeal. Feeling neither sympathy for age, compassion for unmerited privations, or respect for honourable scars, the decrepid and selfish sexagenarian repulses the application, and turns his back on the petitioners; and at the same moment the sagacious watch-dog, guided by the tone of his master's voice, gives to this rebuff all the support in his power.

This picture was engraved for Alderman Boydell by Leney.

UN NAUFRAGE.

Cette belle composition représente un de ces accidents que l'homme, avec toute sa prévoyance, sa prudence et son savoir, ne peut éviter. Un vaisseau a été poussé par la violence de l'orage contre un rocher ; il est exposé à la fureur des vagues qui viennent se briser contre lui, et vont bientôt accomplir l'œuvre de destruction. Dans cette situation désespérée des chaloupes s'approchent, montées par des marins adroits et résolus, qui s'efforcent de gagner le vaisseau pour sauver les infortunés qui composent l'équipage. Quelques-uns de ces malheureux se laissent tomber du beaupré et des mâts du vaisseau dans un de ces bateaux près d'eux.

Le président de l'Académie royale de Londres, Sir M.-A. Shee, a fait justement l'éloge de la conception et de l'exécution de ce tableau, disant que son mérite était tel, qu'il eût été suffisant pour établir la réputation de son auteur distingué, l'art fût-il à son plus haut période.

Il fut acheté par Sir John Leicester, lord de Tabley, et a été deux fois gravé en mezzo-tinte par C. Turner, et à l'aquatinte par Théodore Fielding.

A SHIPWRECK.

Tuis energetic and masterly performance represents a catastrophe which the most eminent degree of human foresight, prudence, and skill, cannot avoid. A vessel, during a violent storm, has struck on a bank, and lies entirely exposed to the fury of the waves which are breaking over her, and will soon accomplish the work of destruction. In this appalling situation she is approached by several boats manned by resolute and skilful mariners, in their humane endeavours to save the unfortunate crew, some of whom are dropping from the bowsprit and rigging of the ship into a boat below.

The conception, composition, and execution of this picture have been justly and liberally described by the President of the Royal Academy, Sir M. A. Shee, as displaying a degree of excellence that would have been sufficient to establish the reputation of its distinguished painter even in the proudest period of Art. It was purchased by Sir John Leicester, Lord De Tabley, and has been twice engraved; in mezzotinto by C. Turner, and in aqua-tinta by Theodore Fielding.

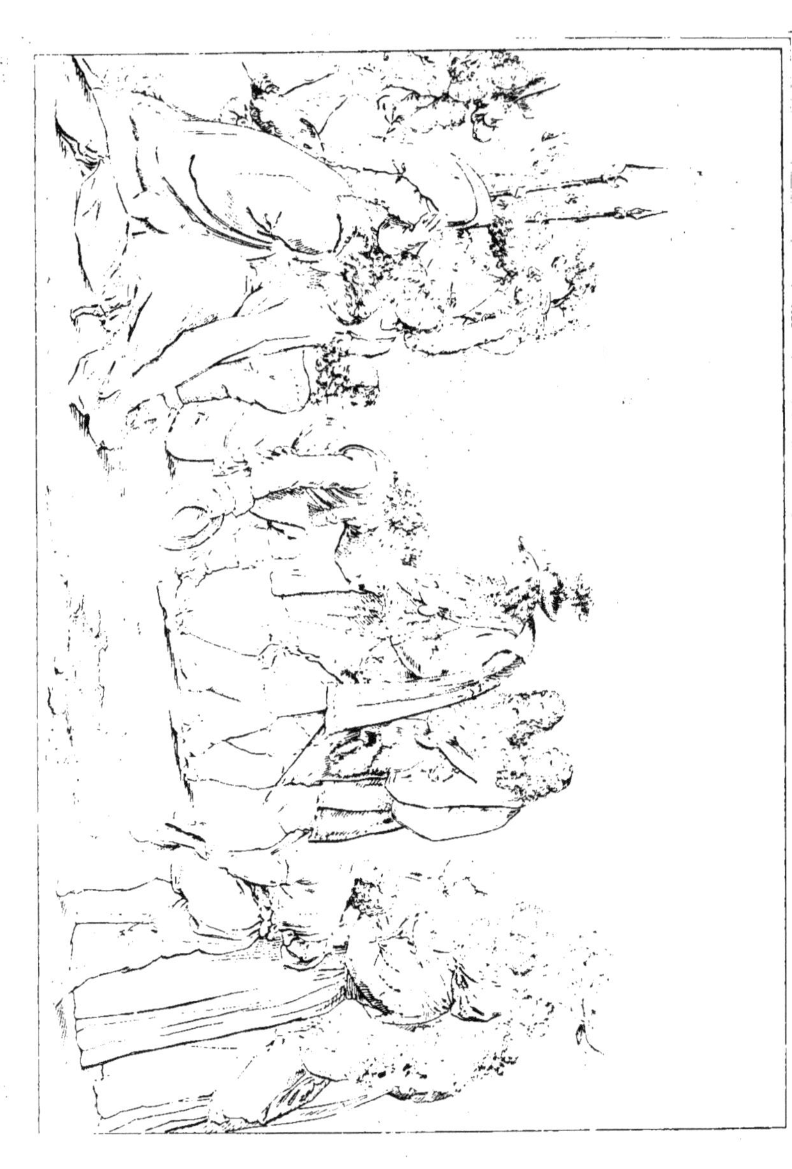

DÉBARQUEMENT DE CHARLES II.

Après neuf ans d'exil passés dans des voyages continuels dans les divers états de l'Europe, Charles II fut rappelé par l'invitation du parlement et les désirs de la nation à reprendre le sceptre de ses ancêtres. Il quitta Bréda, où il résidait alors, partit pour La Haye, et passa à Scheveling, où une flotte anglaise, sous le commandement de l'amiral Montague, attendait son arrivée et le transporta à Douvres. Il fut reçu en abordant par une députation nombreuse de nobles et de gentilshommes, et par le général Monk, dont l'influence servit beaucoup à sa restauration, et fut accueilli au bruit des acclamations d'un concours immense de peuple de toutes classes. Cet événement, si important dans l'histoire des Stuarts, arriva le vendredi 25 mai 1660.

En choisissant cet incident pour sujet, West fit preuve de jugement, il l'a traité d'une manière simple et noble. Charles, accompagné de ses frères les ducs d'York et de Gloucester, et suivi de Clarendon et de Sir John Granville, occupe le centre de la composition ; il fait relever Monk qui s'était agenouillé devant lui. Les personnages bien groupés, leur expression, le clair-obscur, tout contribue au développement de l'action.

Ce tableau fait partie de la belle collection du comte Grosvenor ; il a été bien gravé par Woollett et Sharp.

4 pieds 8 pouces, sur 6 pieds 6 pouces.

LANDING OF CHARLES II.

AFTER nine years of exile, spent in wandering through various states of Europe, Charles II. was called upon by the invitation of Parliament and the wishes of the Nation at large to return and resume the sceptre of his ancestors. Accordingly quitting Breda, his temporary residence, he repaired to the Hague, and from thence to Scheveling, where an English fleet, under Admiral Montague, awaited his arrival and wafted him to Dover. He was received on his landing by a numerous deputation of the nobility and gentry, and by General Monk, whose influence had powerfully contributed to his restoration, and was welcomed by the acclamation of a numerous concourse of all ranks of people. This event, so important in the history of the Stuarts, occured Friday May 25th., 1660.

In selecting this incident for pictorial illustration, West displayed his usual judgement, and has treated it in a simple and dignified manner. Charles, accompanied by his brothers the Dukes of York and Gloucester, and attended by Clarendon and Sir John Granville, occupies the centre of the composition; he is in the act of raising Monk who knells before him. The grouping, expression, and light and shade, all contribute to the developement of the story. It forms part of the magnificent collection of Earl Grosvenor, and has been finely engraved by Woollett and Sharp.

Size, 5 feet by 7 feet.

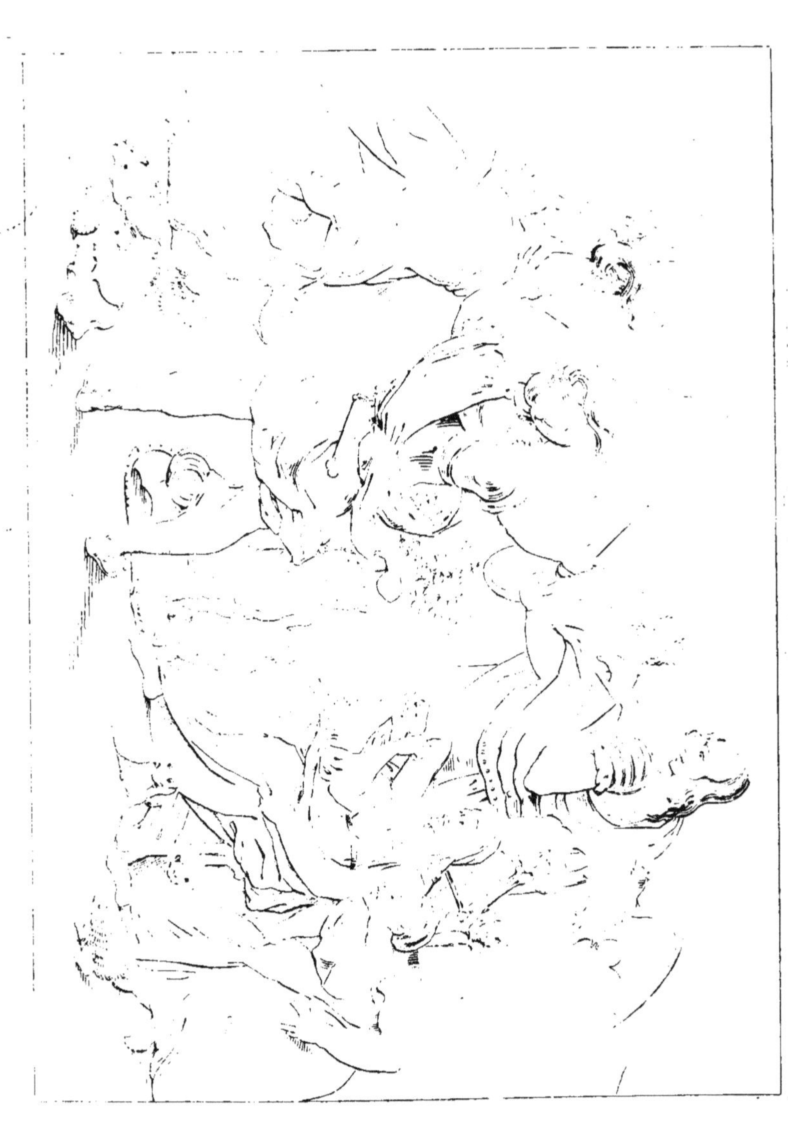

SCÈNE TIRÉE DE MACBETH.

Dans le quatrième acte de Macbeth, l'usurpateur consulte les sorcières sur sa destinée. Ces créatures infernales, selon les instructions d'Hécate, l'amusent par des assurances équivoques et mensongères de prospérité. Macbeth leur demande si la race de Banquo doit régner; alors ces vieilles « pour dessiller ses yeux et tourmenter son cœur », font apparaître à sa vue les ombres des rois qui doivent régner après Banquo; ce dernier, couvert de sang, passe aussi et lui montre ses descendants.

Ce tableau fut peint pour la galerie de Shakspeare. L'alderman Boydell le paya à sir J. Reynolds 1,000 livres sterling (25,000 fr.) Dans une vente faite en 1805, il ne monta pas plus haut que 378 livres sterling (9,450 fr.). Édouard saisit cette circonstance pour dire que son mérite avait été porté trop haut; mais il eût dû remarquer que sa dimension, empêchant qu'on pût le placer dans les appartemens de moyenne grandeur, avait diminué le nombre des acquéreurs. On peut admettre qu'il y a une faute grave dans le personnage de Macbeth; mais le reste de la composition, le coloris et le clair-obscur peuvent être considérés comme les plus heureux efforts de l'art. On ne peut oublier cette composition lorsqu'une fois on l'a vue. Nous allons rapporter, comme un témoignage incontestable de son mérite, les paroles du vénérable Northcote : « L'effet fantastique et imposant, produit par l'idée et l'exécution du second plan de ce tableau, est certainement sans parallèle dans le monde : sa nouveauté et sa beauté défient à l'avenir toute rivalité. Si Macbeth eût eu le caractère qui convenait à cette scène effrayante, ce tableau n'eût jamais eu d'égal sur la terre. » Il a été gravé pour la galerie de Boydell, par R. Thew, et forme maintenant partie de la collection du comte d'Egremont à Petworth, dans le comté de Sussex.

T.   178.

SCENE FROM MACBETH.

In the fourth act of Macbeth, the usurper consults the weird sisters on his destiny. The witches, following the instructions of Hecate, amuse him with equivocal and delusive assurances of prosperity. At length he urges a question as to Banquo's children, when the midnight hags, to « show his eyes and grieve his heart, » raise up the shadows of a numerous race of Kings, the descendants of Banquo, whose blood-stained figure also appears « and points at them for his. »

This picture was painted for the Shakspeare Gallery, and Sir Joshua received 1000 l. of Alderman Boydell for his performance. When brought to the hammer in 1805, it produced only 378 l. Edwards dwells on this circunstance as an argument of its merits having been over-rated; but he ought to have remembered that its dimensions precluding its admission to any moderate-sized apartment reduced the bidders to an insignificant number. It has elicited more severe and illiberal criticism. It must be admitted that the figure of Macbeth is a decided failure, but the rest of the composition, the colouring, the light and shade, are among the most triumphant efforts of Art. It is a picture which once seen can never be forgotten. As the most honourable testimony of its superlative merit may be adduced the words of the venerable Northcote : « The visionary and awful effect produced both in the conception and execution of the back-ground of this picture, is certainly without a parallel in the world. Its novelty and its excellence bid defiance to all future attempts at rivalry. Had the figure of Macbeth been but equal to its requisite in this appalling scene, the picture would have stood without a companion on earth. »

It was engraved for Boydell by R. Thew, and now forms part of he Earl of Egremont's collection at Petworth, Sussex.

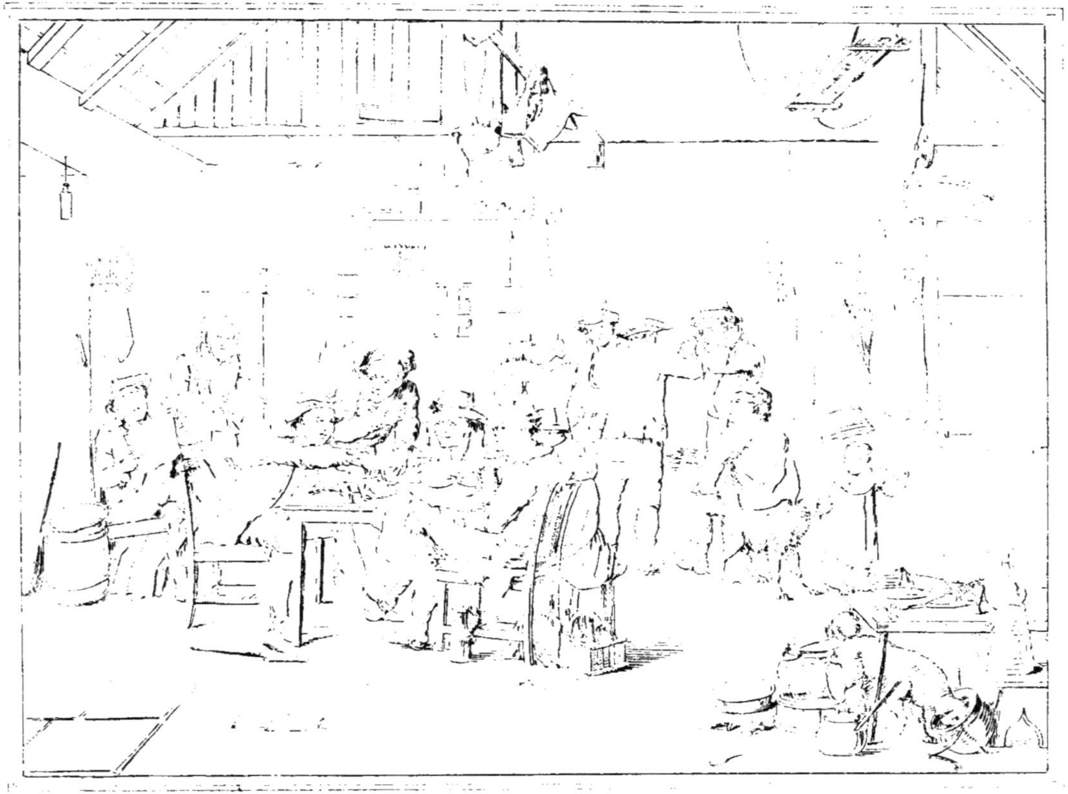

VILLAGE POLITICIANS

LES POLITIQUES DE VILLAGE.

La scène de ce tableau est une petite auberge de l'Écosse, où les habitans du village se sont rassemblés pour discuter sur les affaires de l'état, à côté de leur *whisky*. Un groupe de ces politiques campagnards occupe le centre du cabaret, ils sont assis autour d'une table bien fournie de leur liqueur favorite. Le plus âgé, des lunettes sur le nez, vient de lire à haute voix les nouvelles du jour; il est interrompu par un artisan grossier, qui exprime son opinion avec la véhémence d'un écervelé. Le lecteur lui prête toute l'attention possible; mais ses autres compagnons ne paraissent pas partager ses vues avec autant de calme, car l'un d'eux s'est déjà levé de son siége avec indignation, tandis que l'autre se prépare à attaquer l'interlocuteur avec l'arme du ridicule. Vis-à-vis la cheminée, d'autres hommes semblent, comme dans le groupe principal, vouloir raisonner sur une matière au-delà de leur intelligence. A gauche, un individu en bonnet bleu, ses yeux fixés sur un journal, semble absorbé dans sa lecture; l'hôtesse attentive, connaissant bien ses habitués, va bientôt prendre part aux débats et les prolonger.

Ce tableau établit la réputation de l'artiste; il fut exposé à *Sommerset-House*, en 1806, et fit une telle impression en sa faveur que, pour répéter l'observation d'un auteur, Wilkie fut connu en une semaine. L'esprit et le talent de ce peintre paraissent vraiment étonnans, lorsque l'on considère qu'à 19 ans il s'acquit une renommée qu'il a su si bien justifier. Ce chef-d'œuvre fut acheté par le comte de Mansfield, il a été gravé par A. Raimbach.

VILLAGE POLITICIANS.

The scene of this composition is a small Scotch Inn, where the inhabitants of the village assemble to discuss the affairs of the nation over their whisky. A group of these rustic politicians occupies the centre of the room, they are seated around a table which is duly furnished with the favourite « Scots drink, " and the oldest of the party, « with spectacles on nose, " has been reading the news aloud; he is interrupted by a sturdy mechanic who urges his opinion with the usual vehemence of wrongheadedness; the reader gives him all the attention in his power, but the rest of his companions do not appear to acquiesce so calmly in his view of the case, as one of them has started from his seat in a fit of indignation, while the other seems to prepare himself to attack the speaker with the potent arm of ridicule. At the fire-place are assembled several persons who like the principal group appear puzzling their brains with matters above their comprehension, and on the left a blue-bonneted quidnunc is poring over the contents of the newspaper with absorbing intensity; while the careful landlady, well knowing her customers, appears in the act of providing for a lengthened debate.

The painter introduced himself to the public by this picture, which was exhibited at Somerset-House, in 1806, and made such an impression in his favour, that to repeat an observation of the author of Elements of Art : «Wilkie was known in a week. " Its mental and manual excellencies are truly astonishing when the painters age, 19, is considered, and it gave an earnest of future fame which has since been amply realized. It was bought by the Earl of Mansfield, and has been finely engraved by A. Raimbach.

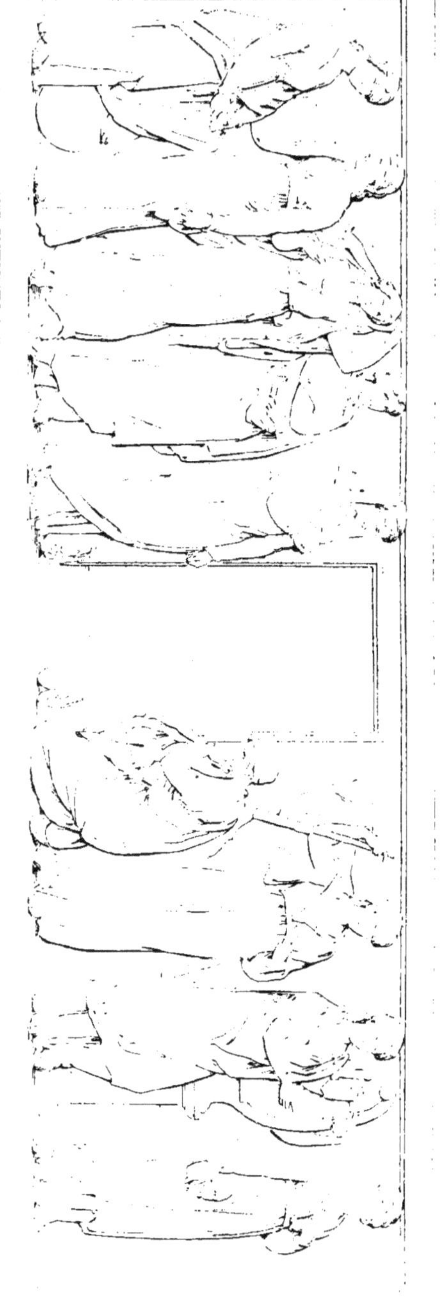

LES MUSES.

Ce bas-relief orne le piédestal de la statue d'Addison, dans l'abbaye de Westminster à Londres. Les filles d'Apollon, chacune distinguée par l'attribut qui lui est propre, sont rangées de chaque côté de l'inscription. Melpomène, muse de la tragédie, et qui inspira *Caton* à l'auteur, un masque à ses pieds, est à gauche; Clio s'agenouille à droite devant le nom d'Addison; près de celle-ci est Euterpe, tenant une flûte de chaque main; puis Erato touchant de la lyre, et Thalie portant dans sa main droite un masque. Derrière Melpomène on voit Calliope dans l'attitude de la réflexion; Terpsichore dansant, Polymnie, et Uranie une sphère à ses pieds.

Le talent et le bon goût régnent dans cette composition exécutée avec soin et légèreté.

THE MUSES.

THIS basso-relievo ornaments the pedestal of the statue of
Addison, in Westminster Abbey. The daughters of Apollo,
each distinguished by her proper attribute, are ranged ou
either side of the recording inscription : Melpomene, the tragic Muse and the inspirant of Cato, with a mask at her feet
being nearest thereto on the left, while Clio with peculiar
fitness kneels on the right to the name of Addison. Next to
Clio appears Euterpe with the flutes, Erato playing on the
lyre, and Thalia who holds a mask in her right hand. Beyond
Melpomene is seen Calliope in an attitude of meditation,
Terpsichore tripping « on the light fantastic toe, » Polym-
nia, and Urania with a sphere.

This work displays much taste and gracefulness of design,
and is executed with care and delicacy.

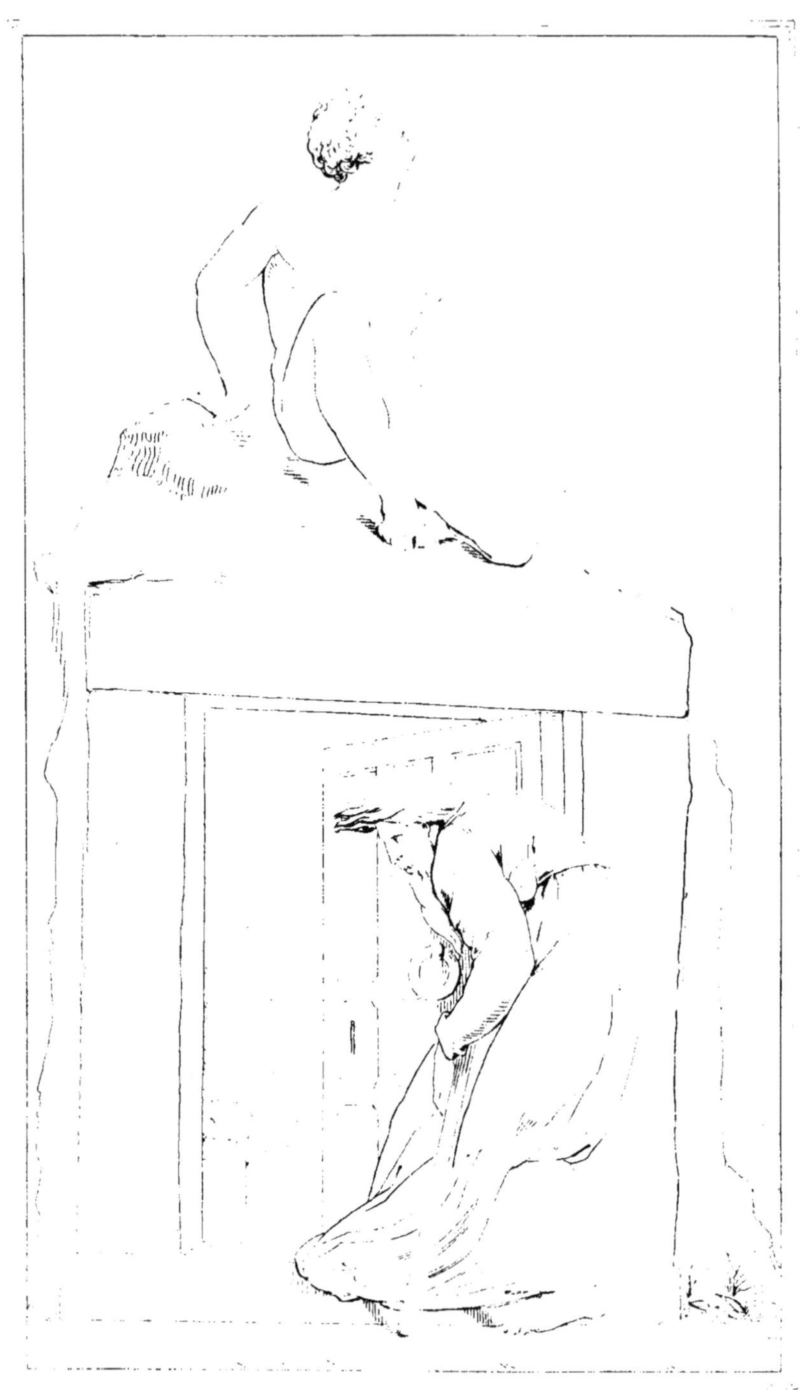

LA PORTE DU TOMBEAU.

Cette composition, l'ouvrage d'un artiste dont les productions sont souvent dénaturées par l'extravagance de la pensée quelquefois inintelligible, offre cependant ici un style gracieux, noble et original. C'est un des morceaux d'une suite de ces *inventions*, comme le disait Blake, qui sert à éclaircir le poëme de Blair, intitulé *La Tombe*. Cromek, plein d'admiration pour la beauté de l'exécution, l'acheta de l'artiste et la remit entre les mains de Louis Schiavonetti, qui la grava sur cuivre. Ce recueil fut publié ensuite dans une édition de luxe du poëme, avec des remarques sur les dessins, par Fuseli, dont les éloges presque superflus furent imprimés avec l'assentiment des professeurs et des juges les plus distingués de l'art, et qui rendent toute autre louange inutile.

Ce sujet est pris des derniers vers du poëme.« Ce n'est qu'une nuit, une longue nuit sans lune, que nous passons dans la tombe, dont nous avons fait notre couche et où nous disparaissons. C'est ainsi qu'à la chute du jour l'oiseau fatigué quitte le vide des airs pour venir se reposer dans quelque buisson écarté, s'endort jusqu'aux premiers rayons du soleil, et qu'alors, étendant ses ailes rafraîchies, il s'élance. »

Dans l'explication que la nature de ces compositions emblématiques rend nécessaires; on trouve la description suivante de la Porte du tombeau, « La porte s'ouvre et laisse voir les ténèbres extérieures; l'Age, porté sur des béquilles, s'y trouve poussé par la tempête. Au-dessus de la porte l'homme régénéré se lève, entouré de lumière et plein de gloire. »

DEATH'S DOOR.

This composition is the work of an artist whose productions, though often disfigured by conceit and extravagance, and sometimes unintelligible, occasionally present much grace, beauty, and originality. It is one of a series of « inventions, ' as Blake called them, illustrative of Robert Blair's poem, "The Grave," which were purchased of the artist by Cromek, whose admiration of their excellence induced him to place them in the hands of Louis Schiavonetti, by whom they were ably transferred to copper ; and they were introduced to the world in a splendid edition of the poem accompanied by some observations on their design and execution from the pen of Fuseli, whose almost unqualified praise, stamped with the assent of the most distinguished professors and judges of Art, renders all farther commendation superfluous.

The subject is taken from the concluding lines of the poem :

<blockquote>
« 'Tis but a night, a long and moonless night;
We make the grave our bed and then are gone.
Thus at the shut of eve, the weary bird
Leaves the wide air, and in some lonely brake
Cowers down, and dozes till the dawn of day;
Then claps his well-fleg'd wing'd and bears away. »
</blockquote>

In the explanation, which the symbolic nature of these compositions rendered necessary, we find the following description of Death's Door. " The Door opening that seems to make utter darkness visible; Age, on crutches, hurried by a tempest into it. Above is the renovated man seated in light and glory. "

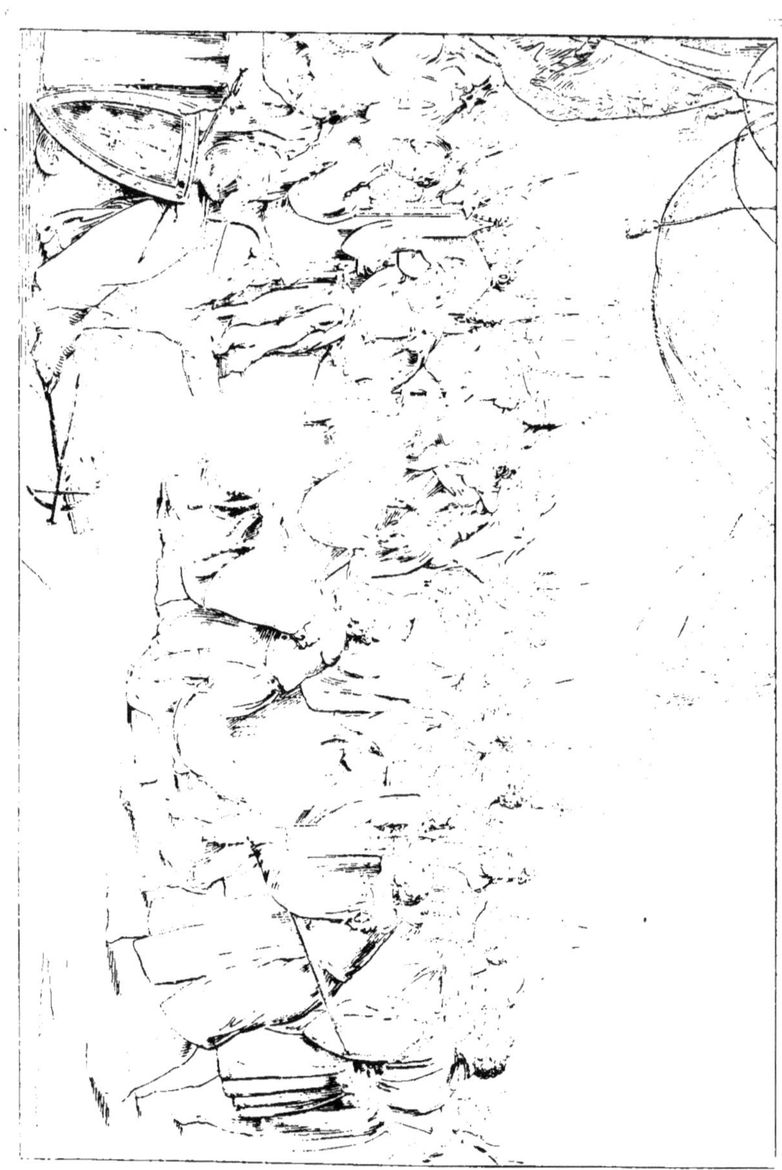

REDDITION DE CALAIS.

En 1347, après un siége de prés de douze mois, Calais se rendit à Édouard III. L'opiniàtreté avec laquelle les habitans de cette ville s'étaient opposés aux armes victorieuses d'Édouard l'exaspérèrent à un tel point, qu'il exigea que six des plus notables de Calais vinssent pieds nus et la corde au cou lui donner les clefs de la ville et se mettre à sa discrétion. Aussitôt qu'ils parurent devant lui, le monarque courroucé ordonna qu'ils fussent conduits au supplice ; en vain les ministres et les officiers qui l'entouraient demandèrent-ils grâce pour eux, rien ne put le faire changer de résolution ; il fut sourd à toutes objections, jusqu'à ce que la reine Philippe de Hainault se jetant à ses pieds, les larmes aux yeux, demanda et obtint la vie de ses compatriotes. Elle leur fit donner à manger dans sa tente et les renvoya en sûreté après leur avoir fait des présents en habits et en argent.

Bird a représenté la princesse s'agenouillant devant le roi, on lit sur la figure de celui-ci l'hésitation que lui fait éprouver la prière de son épouse. Derrière la reine, on voit le Prince Noir, sir Walter Mauny, etc., etc., Eustache de Saint-Pierre présente les clefs ; ses dignes compagnons sont prés de lui ; la femme de l'un d'eux ayant trompé la vigilance des sentinelles s'appuie sur l'épaule de celui qu'elle craint de ne plus revoir, un des gardes qui s'en est aperçu se dispose à les séparer.

Ce tableau fut peint en 1813, et exposé le printemps d'après à Sommerset-House ; la composition en est belle et bien exécutée, le coloris suave et harmonieux, et la touche facile et pure ; il appartenait à la princesse Charlotte de Galles dont la mort fut prématurée ; il a été gravé en mezzo-tinte par J. Young.

SURRENDER OF CALAIS.

AFTER a siege of nearly twelve months, Calais surrendered to Edward III. in 1347. The obstinacy with which the inhabitants of that city opposed his victorious arms so exasperated Edward, that he insisted on six of the chief persons among them presenting themselves before him, barefooted, and with ropes about their necks, to be disposed of as he thought fit. On their arrival in his presence, the enraged monarch ordered them to be led to execution; in vain did his officers and councellors entreat him to spare their lives, he continued resolute in his purpose, and deaf to every argument that could be urged in their favour, until his Queen, Philippa of Hainault, threw herself at his feet and with tears in her eyes sought, and obtained the lives of those patriots; she then regaled them in her tent, and after making them a present of money and apparel, dismissed them in safety.

Bird has represented Philippa kneeling before the King, who, hesitates between his good and evil resolves : behind the Queen appear the Black Prince, Sir Walter Mauny, etc., etc. Eustacbe de St.-Pierre is presenting the keys of Calais, and near him are his heroic companions; the wife of one of them, who has eluded the vigilance of the sentinels leans on his shoulder in all the distraction of grief; one of the guards having recognized her is about to tear them asunder.

This picture was painted in 1813, and exhibited at Somerset-House the following spring; it is composed and painted with care, its tone of colour is mellow and harmonious, and it is touched with precision and correctness. At the time of her premature decease it was the property of the lamented Princess Charlotte of Wales, and it has been engraved in mezzo-tinto by J. Young.

LE SEPTIÈME AGE.

« Enfin, le Septième et Dernier Age vient finir son histoire pleine d'étranges événemens : seconde enfance, état d'oubli profond où l'homme se trouve sans dents, sans yeux, sans goût, sans rien. »

SHAKSPEARE, *Comme il vous Plaira*, act. II.

Cette dernière scène de la vie si courte de l'homme est d'une grande vérité. On le voit ayant perdu toutes ses facultés, ses membres affaiblis ne peuvent plus le servir ; tout plaisir lui est interdit, il ne peut plus participer ni même se faire une idée de ce qui se passe autour de lui : la mort seule peut désormais le faire mouvoir sur ce théâtre où il vient de jouer son rôle. Il a survécu aux compagnons de son jeune âge, qui lui étaient attachés par les liens de la parenté comme par ceux de l'amitié ; une de ces femmes, dont on achète les soins, est maintenant seule chargée de veiller sur lui ; elle est profondément endormie, tandis qu'un enfant, dont la tâche est d'amuser ce vieillard presqu'en enfance, est assis sur le plancher et bâtit un château de cartes.

L'Amour dont la tête a été brisée, les armoiries qu'un dernier clou retient, le tableau qui représente la Folie sur un trône, et soufflant des bulles de savon, tous les accessoires sont en parfaite harmonie avec l'histoire, et expliquent bien la morale que le poëte et le peintre ont voulu faire sentir.

Ce tableau a été gravé par J.-P. Simon.

THE SEVENTH AGE.

« Last scene of all,
That ends this strange eventful history,
Is second childishness and mere oblivion ;
Sans teeth, sans eyes, sans taste, sans every thing. »

The closing scene of man's brief history is now before us and exhibits him, having survived all his faculties, in the extremity of decay and helplessness; and thus incapable of any enjoyment, of any participation in or even perception of what passes around him, nothing is wanting but the merciful stroke of death to remove him from the stage where he has played his part. Having outlived the companions of his youth, those connected with him as well by the ties of kindred as of amity, he is now consigned to the care of a hired nurse who is seen fast asleep, while a child, to whom has been allotted the incongruous task of amusing doting imbecility, has seated himself on the floor to build a house with cards. The accessories, the winged and headless figure, the armorial honours hanging on the last peg, the picture of folly enthroned, etc., are in strict keeping with the story, and sustain and strengthen the moral of the poet and the painter.

This picture was engraved by J.-P. Simon.

ROTTERDAM.

Rotterdam, où naquit Erasmus et la seconde ville des sept royaumes unis, maintenant royaume de Hollande, est situé au confluent du Rotte et de la Meuse. Sa situation avantageuse, lui permettant de communiquer avec une égale facilité d'un coté avec l'Océan et de l'autre avec l'intérieur des terres, est très-favorable à son commerce. L'esprit industrieux et entreprenant de ses habitans sait utiliser avec succès cet avantage. La plus grande partie de la ville est coupée par des canaux et les branches des deux rivières, les bords de ces canaux sont plantés d'arbres élevés. Cet assemblage offre un coup d'œil à la fois nouveau, noble et agréable. Cette réunion d'objets détournés de leur situation respective, mais dont le principe n'a rien qui déplaît, et qui se marient non-seulement sans confusion mais même avec avantage, est ici d'un grand effet pour cette intéressante et belle composition. Les maisons, les vaisseaux, les bateaux et les arbres, cette architecture marine et civile à côté de l'architecture gothique mêlée au feuillage, tous ces personnages dont il semble qu'on entend le bourdonnement, et par-dessus tout la belle clarté resplendissante des feux du soleil d'été, tout ici a été bien exécuté; la bonté du dessin, la vérité de la couleur et la délicatesse du fini ajoutent à la réputation de ce peintre estimé.

Ce tableau fut peint pour le comte d'Essex, et parut à l'exposition de l'académie royale à Londres, en 1828. Il a été admirablement gravé par George Croke qui a bien su en rendre la fidélité et l'esprit, l'ensemble et les détails.

ROTTERDAM.

Rotterdam, the birth-place of Erasmus, and the second city in the Seven United Provinces now the Kingdom of Holland, stands at the confluence of the Rotter and Maese. Its advantageous situation, communicating with equal facility both with the ocean and with the interior of the country, is peculiarly favourable to commerce, and the industrious and enterprising spirit of its inhabitants prompts them fully to appreciate and use this advantage. The greater part of the city is intersected by canals or branches of those two rivers, and the banks are planted with lofty trees. Hence arises an association at once novel, characteristic, and pleasing : the intermixture of objects usually separated and detached in their local situations and in our ideas, but which, having no positive discordant principle, may be blended not only without injury, but with advantage, is here productive of a delightfully-interesting picture. Houses, ships, boats, and trees, architecture marine, civil and ecclesiastical, blended with foliage, animated by the busy hum of men, and glowing beneath the broad light of a resplendant summer sun, are all represented in the picture whose outline is here given, with an accuracy of delineation, a truth of colour, and delicacy of touch, that enhances the well earned fame of its estimable painter. It was painted for the Earl of Essex, and appeared in the exhibition of the Royal Academy in 1823 ; and has been transferred to copper by George Cooke in an engraving, admirable alike for its fidelity and spirit, and its unsurpassed discrimination of surface, texture, and detail.

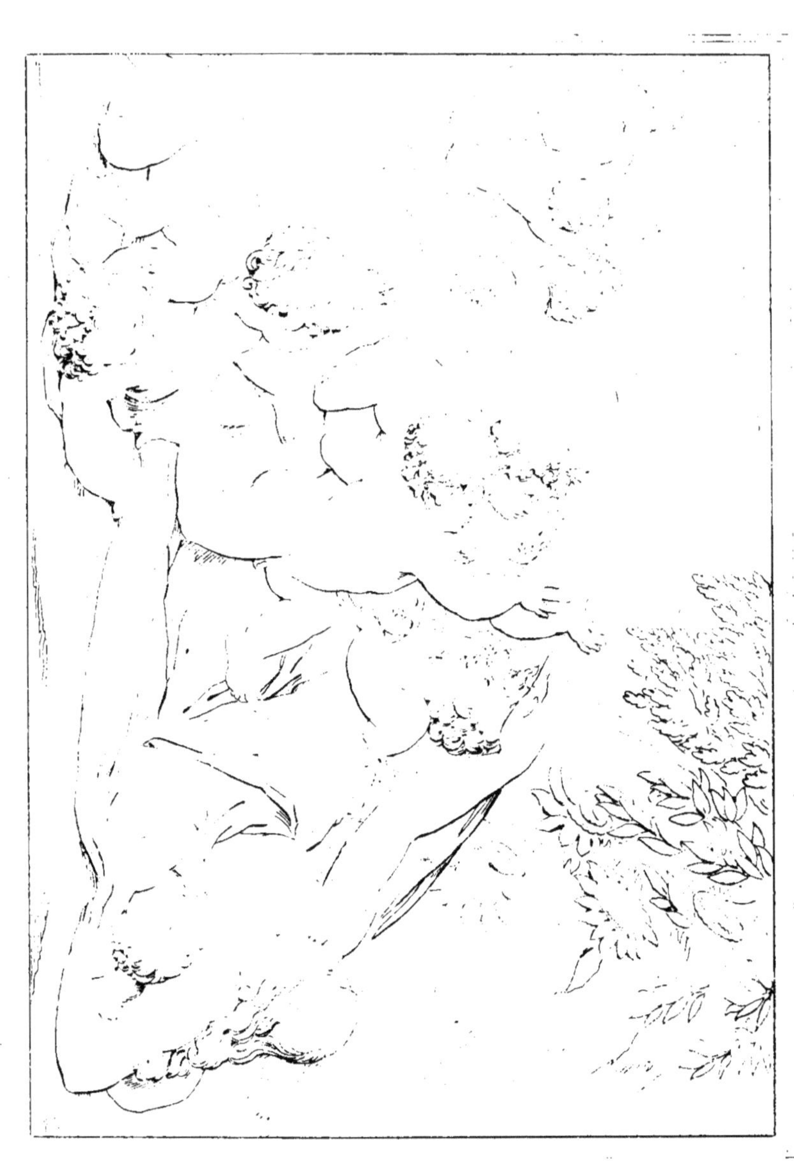

LA NATURE SOUFFLANT DES BULLES DE SAVON A SES ENFANTS.

L'intention du peintre a été de faire remarquer ici la petitesse des objets qui souvent attire l'attention des hommes, et de moraliser sur la vanité et la fragilité de leurs entreprises. Crabbe a bien décrit dans un poëme cet orgueil du genre humain ; mais l'artiste a ici l'avantage sur l'auteur, et, en comparant les deux images qui s'offrent à l'esprit ou aux yeux, peu de personnes préféreront la description de l'une à la peinture pour ainsi dire palpable de l'autre, et diront avec Byron : « La nature est non-seulement le peintre le plus savant, mais aussi le meilleur. »

Ce tableau, habilement dessiné et d'une riche couleur, parut à l'exposition de l'Académie royale de Londres, en 1821.

NATURE BLOWING BLADDERS FOR HER CHILDREN.

« BLOW sportive bladders in the beamy sun
And call them worlds! and bid the greatest show
More radiant colours in their worlds below :
Then , as they break , the slaves of care reprove.
And tell them, such are all the toys they love. »

The Library , by CRABBE.

THE above quotation elucidates the painter's intention, which, like the poet's, has been to show the utter worthlessness of the object's which engage the attention of the greater part of mankind, and to moralize on the vanity and emptiness of all human pursuits. But the artist has greatly the advantage of the author in the present instance, and , in contemplating the respective images which they severally present to our mental and corporeal visions, few persons will be induced to prefer the ideal, to the palpable picture ; the slaves of care of the one, to the lovely playful children of nature of the other ; or in this instance to exclaim with Byron in favour of the bard. " Though nature's sternest painter, yet the best. "

This ably drawn, and richly coloured picture, was exhibited at the Royal Academy in 1821.

185.

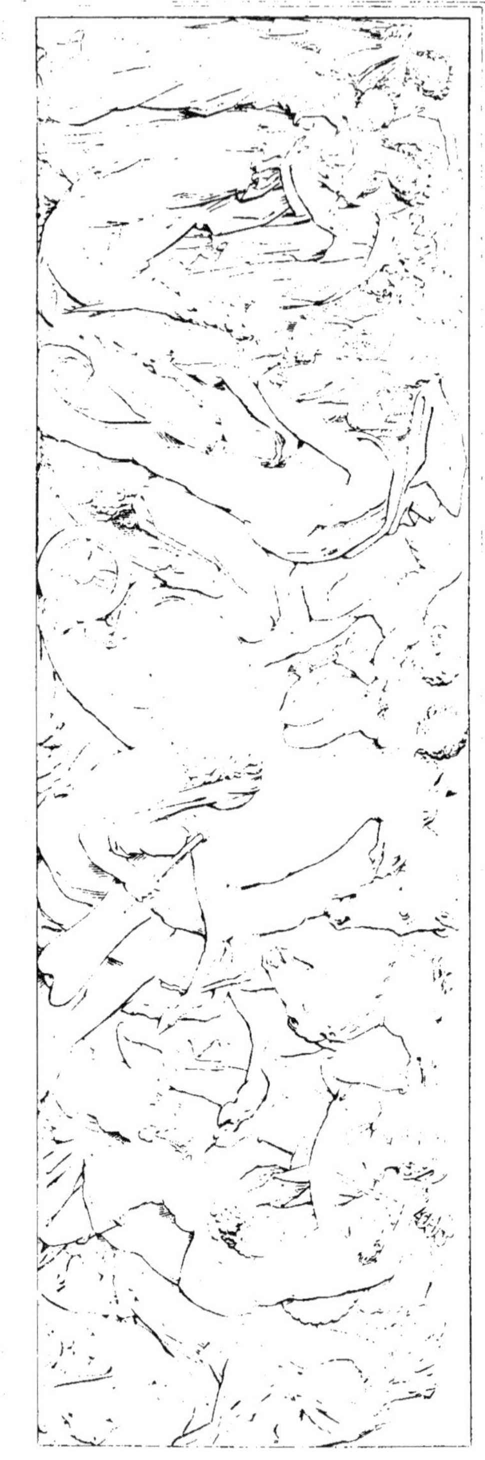

ENLÈVEMENT DE PROSERPINE.

On lit dans Ovide que Pluton, ayant quitté son noir séjour, se dirigea vers les plaines de Sicile où il vit Proserpine, fille de Jupiter et de Cerès, occupée à cueillir des fleurs avec ses compagnes. Frappé de sa beauté, il résolut d'en faire son épouse; sachant bien qu'on ne la lui accorderait pas, il l'enleva, et en dépit de ses larmes et de ses prières la transporta dans son char aux régions infernales dont elle devint bientôt la reine.

Dans ce bas-relief, l'artiste a traité ce sujet d'une manière poétique. Au centre un fleuve est assis, et près de lui se trouvent les principales figures : le dieu des enfers saisit sa fiancée aidé des conseils de Minerve ; Mercure retient les chevaux. La nymphe Cyane cherche en vain à s'opposer à cet enlèvement. Sur la droite on voit les Parques et Cerbère ; à gauche les compagnes de Proserpine pleurent sa perte.

Le bas-relief est exécuté avec beaucoup de goût, de sentiment et de netteté; il fut exposé à l'académie royale de Londres en 1829. R. Simmons Esquire, de Londres, en fit l'acquisition.

1 pied 10 pouces $\frac{1}{2}$, sur 7 pieds 6 pouces.

PLUTO AND PROSERPINE.

We are told by Ovid that Pluto having left his gloomy kingdom for a time, and journeying through the plains of Enna in Sicily, he there beheld Proserpine, the lovely daughter of Jupiter and Ceres, employed with her companions in gathering flowers. Struck with her beauty he instantly resolved to obtain her for his bride, and knowing that his suit was not likely to be granted willingly, he seized her, and in spite of her tears and supplications, bore her in his chariot to the infernal regions, of which she afterwards became the queen.

In the accompanying basso-relievo, the artist has treated this poetical subject in a poetical manner: in the centre a river God reclines, and near him are the principal figures, « Hell's grim King " in the act of seizing his reluctant bride, assisted by the counsel of Minerva, and the more active aid of Mercury who guides his horses ; a female figure, Cyane, vainly endeavours to oppose his design. On the right are seen the Fates and Cerberus ; on the left the virgin train, the companions of Proserpine, deplore her loss. It is conceived and executed with much taste, spirit and correctness ; and was exhibited at the Royal Academy in 1829, and was purchased by R. Simmons Esq. of the Regent's Park, London.

Size, 2 feet by 8 feet.

CELADON & AMELIA.

CÉLADON ET AMÉLIE.

L'histoire de Céladon et d'Amélie se trouve dans l'Été des Saisons de Thompson. Ces deux amans tendrement attachés furent surpris dans une promenade champêtre par un orage terrible. Tandis que Céladon se prépare à consoler sa bien-aimée et à lui former un abri, « la foudre la sépare de son embrassement inutile, frappe cette belle nymphe, et la réduit en cendres. » Wilson a puisé à la même source les idées générales de son tableau ; la coïncidence entre certaines parties du paysage et du poëme est assez évidente, tels que l'arbre brisé, les troupeaux qui sont conduits à la hâte vers une position moins exposée, le fond montagneux du paysage et surtout « le rocher escarpé qui est frappé ainsi que sa vénérable tour et le temple en pyramide, qui tombent et perdent pour jamais leur ancien orgueil. »

Mais la description est trop généralement rendue pour que l'on puisse juger de l'invention de la composition. Ce tableau a toujours été regardé comme une des plus belles productions du peintre ; il a été gravé par Woollett et Brown. Il en existe aussi une petite gravure par J.-J. Avril publiée en France : quelques-unes des premières épreuves portent le nom de Wilson, mais il fut effacé et on y substitua le nom de J. Vernet.

Le tableau original appartint à W. Lock Esquire de Norbury Park ; mais le biographe de Wilson dit qu'il a été récemment acquis par W. Smith Esquire, et qu'il orne actuellement le cabinet du marquis de Lansdown.

CELADON AND AMELIA.

The story of Celadon and Amelia occurs in the Summer of Thomson's Seasons : those tenderly attached lovers were surprised in their rural walk by a thunder storm, and while Celadon was in the act of affording shelter and comfort to the affrighted damsel

> « From his void embrace,
> That moment, to the ground,
> A blackened corse was struck the beauteous maid.

From the same source Wilson derived some general hints for his picture, and the corespondence between certain parts of it and the poem are sufficient obvious, as the rifted tree, the cattle hastily driven to a less exposed situation, the mountainous background, and particularly the passage

> « Struck on the castled cliff
> The venerable tower and spiry fane
> Resign their aged pride. »

But the description is too general to militate against the painter's claim as much to the invention of his composition, as its execution. It has always ranked among his most celebrated works, and has been finely engraved by Woollett and Brown : a smaller print by J. J. Avril was also published in France, of which a few of the earlier impressions bear Wilson's name, but it was afterwards expunged, and that of J. Vernet inserted as the painter. The original picture formerly belonged to IV. Lock Esq. of Norbury Park, but the biographer of Wilson states it to have been recently owned by W. Smith Esq., and now by the Marquis of Lansdowne.

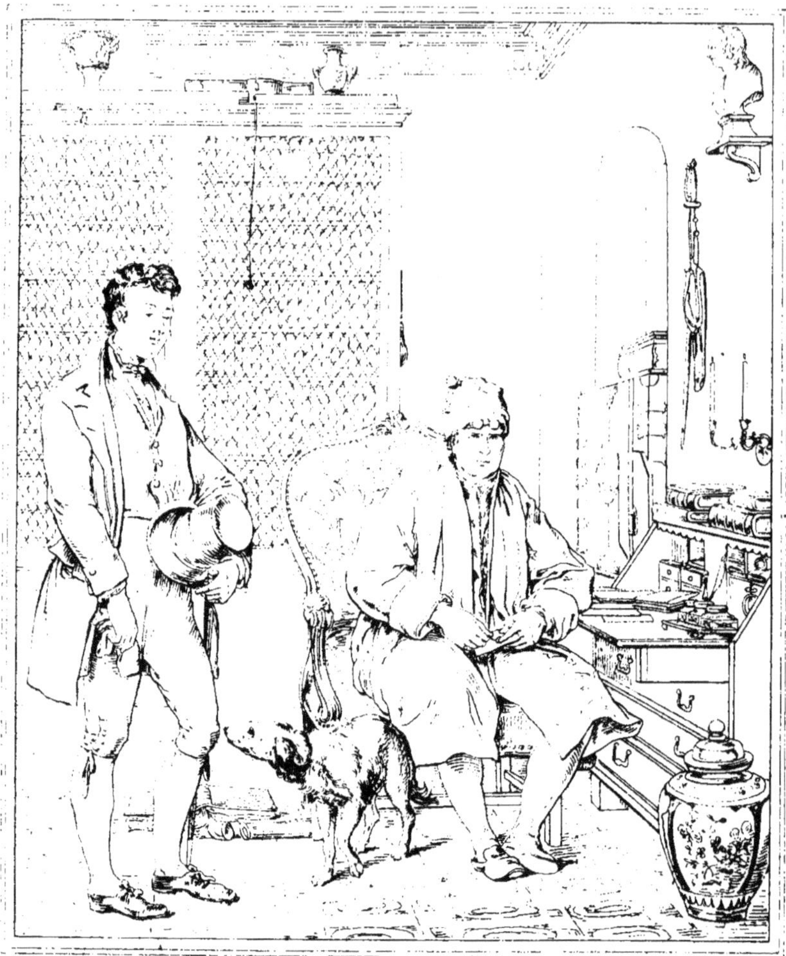

THE LETTER OF INTRODUCTION.

LA LETTRE DE RECOMMANDATION.

LA LETTRE DE RECOMMANDATION.

Le pinceau inimitable de Wilkie a bien su expliquer avec clarté l'histoire de la lettre de recommandation. Le porteur de cette lettre est un jeune homme, dont les regards tristes, les habits de deuil et le crêpe qui entoure son chapeau indiquent la perte récente qu'il vient de faire, et donnent à entendre la nécessité pour lui de chercher parmi les étrangers une compensation à cette sympathie et à la protection dont il vient d'être privé par la mort. Il vient de présenter ses titres à la personne à qui on l'a adressé ; celui-ci le reçoit avec froideur et sans se lever de son fauteuil ; tout en brisant le cachet de la lettre, il jette sur celui qui en est porteur un regard inquiet qui ne laisse aucun doute sur le résultat de la visite.

Le cabinet artistement orné, le vase de porcelaine, et la carte d'Asie au-dessus du casier, dénotent la source des richesses du propriétaire ; tous les accessoires sont bien en harmonie avec le sujet du tableau. Le chien qui paraît de mauvaise humeur, l'affectation qui règne dans l'habillement du patron et dans son appartement montrent assez qu'il est célibataire.

Ce tableau participe beaucoup du talent si varié de l'artiste, il dénote une profonde observation de la nature et une connaissance parfaite des finesses de l'expression ; la touche et le fini en sont précieux ; il fut exposé à Sommerset-House en 1814, comme pendant à Duncan-Gray ; il a été bien gravé par J. Burnett.

THE LETTER OF INTRODUCTION.

THE story of the letter of introduction is well and clearly expressed by Wilkie's inimitable pencil. The bearer of the letter is a young man whose dejected looks, mourning apparel, and hat encircled with crape, et once indicate his recent loss, and explain the necessity of his seeking among strangers an equivalent for that sympathy and assistance of which he has been deprived by death. He has presented the important document to the individual to whom it is addressed, who receives him in the coldest manner without rising from his chair, and, as he breaks the seal, eyes the applicant askance with a look that leaves no doubt of the result of his visit. The accessories are well calculated to support the sentiment of the picture, the japan cabinet, the china vase, and the map of Asia over the bookcase, point out the source of their owner's wealth; while the pet cur, and the formality pervading his dress and apartment, as clearly indicate the old bachelor.

This picture partakes in a high degree of the varied excellencies of its painter, evincing a keen observation of human nature, and perfect command of all the vehicles of expression, with a manual dexterity of the most finished description. It was exhibited at Somerset-House in 1814 as a companion to « Duncan Gray » and has been cleverly engraved by J. Burnet.

THETIS & ACHILLES

THÉTIS ET ACHILLE.

Ce bas-relief représente Thétis accompagnée des Néréides, et sortant de la mer pour consoler Achille furieux de la mort de Patrocle :

« Elle dit et abandonne la grotte suivie des Néréides en pleurs, les flots s'ouvrent pour faciliter leur route Elles touchent aux bords de Troie, et se rangent sur le rivage, près des nombreux navires de Phthiotes, dont ceux d'Achille étaient environnés. Il poussait de longs gémissemens lorsque son auguste mère parait devant lui......

Homère Iliade, chant XVIII.

Quoiqu'il y ait dans ce morceau quelques fautes de proportion, il n'en est pas moins considéré par les artistes et les amateurs, tant par la manière dont les personnages y sont groupés et le mouvement qui y règne, que par la grâce et la beauté des formes de Thétis et de ses belles compagnes. La figure d'Achille dénote une passion pleine d'énergie. L'ensemble est d'une expression admirable.

Les figures sont à peu près de demi-grandeur naturelle.

THETIS AND ACHILLES.

This alto-relievo represents Thetis accompanied by the Nymphs ascending from the sea to comfort Achilles, frantic at the loss of Patroclus.

> She said, and left the caverns of the main,
> All bath'd in tears; the melancholy train
> Attend her way. Wide opening part the tides,
> While the long pomp the silver wave divides.
> Approaching now, they touch'd the Trojan land;
> Then, two by two, ascended up the strand.
> Th'immortal Mother standing close beside
> Her mournful offspring, to his sighs replied.
>
> Pope's HOMER's *Iliad*, B. XVIII.

This performance, in spite of some faults of proportion, is deservedly a great favourite with artists and amateurs for its fine grouping and action; and for the grace and beauty displayed in the forms of Thetis and her lovely companions; the figure of Achilles is full of energetic passion, and the expression is admirable throughout. It is about half the size of life.

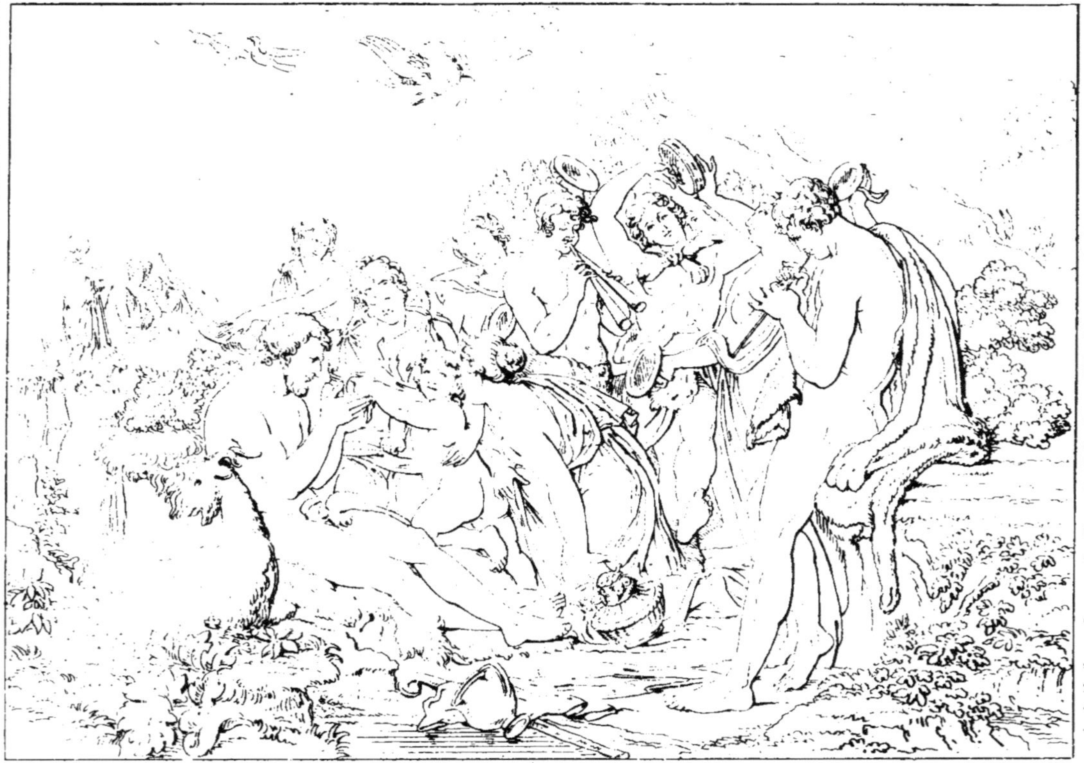

THE INFANCY OF JUPITER

ENFANCE DE JUPITER

ENFANCE DE JUPITER.

L'alaitement et l'éducation de Jupiter tient la principale place parmi les fables que nous ont transmises les auteurs grecs ou romains. Ce père des dieux était fils de Saturne et d'Ops, ou Cybéle, ou Rhée. Pour éviter qu'il accomplit la prophétie qui le menaçait, aussitôt qu'il fut né, sa mère le cacha et fit accroire à Saturne qu'elle avait mis au monde une pierre. Ops le confia aux soins des Corybantes qui habitaient sur le mont Ida en Crète. Ils le cachèrent dans une caverne où ils le nourrirent de miel et du lait de la chèvre Amalthée, cherchant à l'égayer et à couvrir ses cris au bruit discordant des cymbales et d'autres instruments, sans quoi Saturne aurait découvert la ruse.

A la manière dont ce sujet est traité, il est aisé de reconnaître le goût judicieux et l'habileté de l'artiste aux talents, à la persevérance et à l'industrie duquel les arts doivent déjà beaucoup.

THE INFANCY OF JUPITER.

Tʜᴇ infancy and nurture of Jupiter holds a prominent place among the many fables which we derive from the classical authors of Greece and Rome. This " Father of the Gods " was the son of Saturn and Ops, or Cybele, or Rhea ; and, in consequence of a tradition or prophecy which indistinctly menaced his sire was, as soon as born, concealed by Ops, who contrived to deceive Saturn with a stone. By his mother also he was entrusted to the care of the Corybantes who inhabited a district of mount Ida in Crete, and who hid him in a cave, fed him on honey and the milk of the she-goat Amalthea, and diverted his attention, and drowned his cries, which might otherwise have discovered to Saturn the fraud practised on him, by the loud and discordant noises of cymbals and other instruments.

In the conception and treatment of this subject, it is easy to recognize the matured taste and skill of the artist, one of the most distinguished practitioners of painting in Water Colours, and to whose talents, perseverance, and industry, that admired branch of the Arts is indebted for much of the high value it possesses in public estimation.

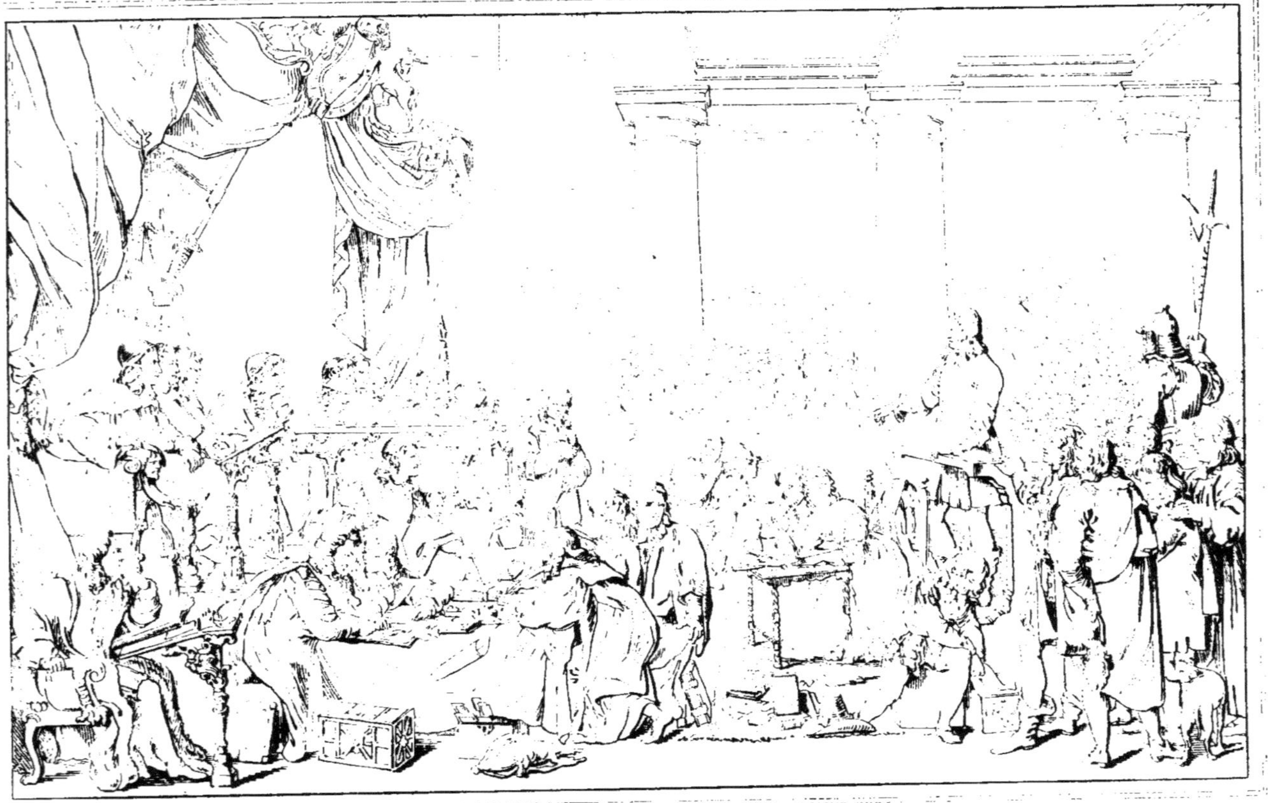

TRIAL OF LORD RUSSELL.

JUGEMENT DE LORD RUSSELL.

JUGEMENT DE LORD W. RUSSELL.

Lord William Russell, jeune encore, fut élu membre de la Chambre des communes, et fut un des conseillers privés nommés par Charles II, en 1679. Au conseil comme dans le parlement, il se fit remarquer par son opposition avec la cour, et fut un de ceux qui appuya davantage le bill tendant à exclure le duc d'York de la succession à la couronne. Une conspiration fut découverte en 1683, dont le plan était de résister aux mesures arbitraires de Charles II, et rien ne fut négligé pour comprendre cet homme intègre au nombre des plus zélés partisans de ce complot. Il fut arrêté, jugé et condamné sur le témoignage d'infâmes faux témoins, et contre toutes les formes de la loi. En vain son épouse affligée alla-t-elle se jeter aux pieds du roi, et demander sa grâce; en vain son vénérable père offrit-il 100,000 livres sterl.(2,500,000 fr.) à la duchesse de Portsmouth pour obtenir son pardon, il fut décapité à Lincoln-Inn-Fields, le 21 juillet 1683.

On voit dans ce tableau le moment du jugement de cet homme illustre; il est à la barre, et paraît vouloir convaincre à l'évidence lord Howard qui est au-dessus des juges. L'avocat-général, l'exécrable Jefferies, l'interrompt et lui montre une liasse de papiers. Près de lord Howard sont assis le colonel Rumsey et Shephard, ils paraissent se parler bas l'un à l'autre. A gauche du prisonnier est lord Cavendish, son héroïque ami, qui lui offrit de s'échapper en échangeant leurs habits. A une petite table est la belle et aimable Rachel, lady Russell, qui, dans une aussi pénible position, fit les fonctions de secrétaire pour son mari.

Cette composition noble a été peinte pour le duc de Bedford, et exposée à l'Académie royale de Londres, en 1825.

TRIAL OF LORD W. RUSSELL.

Lord William Russell became a member of the House of Commons at an early age, and was one of the privy counsellors appointed by Charles II., in 1679. Both at the Council table and in Parliament, he distinguished himself by his opposition to the court, and was among the most active supporters of the Bill for excluding the Duke of York from the succession. The Rye-House Plot, discovered in 1683, brought to light a plan for resisting the arbitrary measures of Charles, and nothing was neglected to include this amiable nobleman in the number of its most dangerous partisans. He was arrested, tried, and condemned, upon the testimony of infamous witnesses, and in defiance of fixed rules of law. In vain his afflicted consort threw herself at the King's feet, and pleaded for mercy, equally in vain was 100,000 l. offered to the Duchess of Portsmouth, by his venerable father for a pardon: he was beheaded in Lincolns Inn Fields, July 21, 1683.

> « Bring every sweetest flower and let me strew
> The grave where Russel lies; whose temper'd blood,
> With calmest cheerfulness for the resign'd,
> Stain'd the sad annals of a giddy reign. »   THOMPSON.

The annexed picture represents the trial of this illustrious individual, he is standing at the bar and appears to be remarking on the evidence of Lord Howard, who stands beyond the judges ; the Attorney General, the execrable Jefferies, interrupts him and points to a bundle of papers ; near Lord Howard are seated Colonel Rumsey and Shephard, who appear to be whispering together. Close by the prisoner stands Lord Cavendish his heroic friend, who offered to effect his escape by exchanging clothes ; and at a small table near him is seen the accomplished and amiable Rachel, Lady Russell, who acted as secretary to her husband on this painful occasion.

This fine composition was painted for the Duke of Bedford, and exhibited at the Royal Academy in 1825.

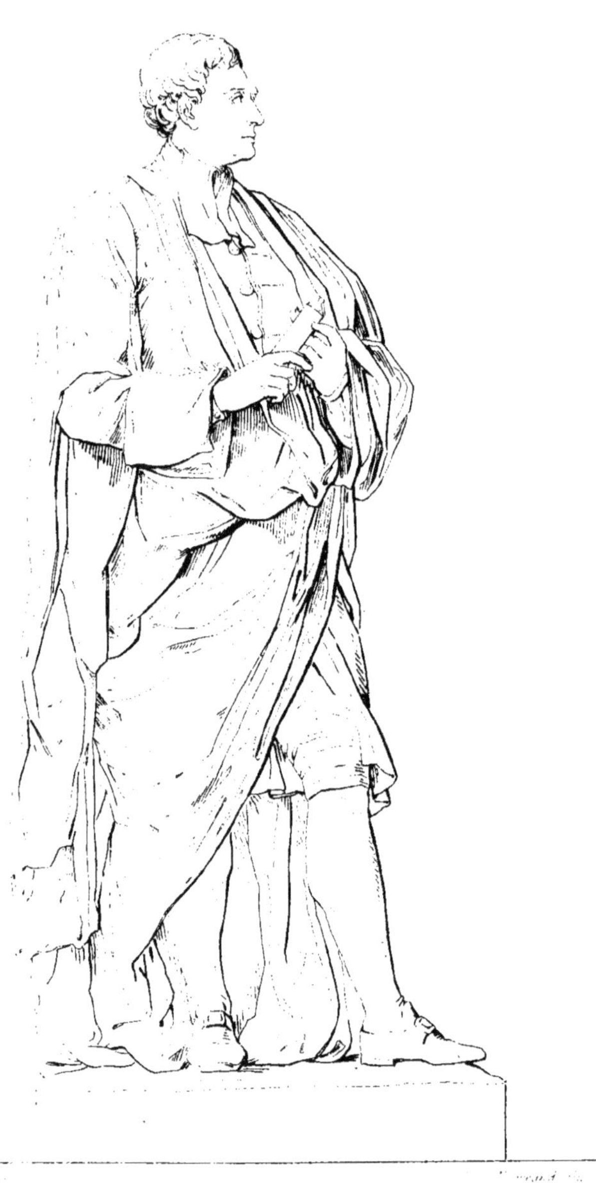

NEWTON

NEWTON.

La statue de ce grand philosophe, est placée à l'entrée de la chapelle du collége de la Trinité à Cambridge. Newton est représenté debout tenant un prisme ; on voit que sa main est en harmonie et suit la pensée dont il paraît entièrement préoccupé. Dans sa figure est empreinte un calme et une vigueur de sentiment qui montrent assez quel devait être le caractère de cet homme éminent. Il est revêtu d'une robe de soie appartenant au degré, de professeur des arts, qu'il avait à l'université.

Ce morceau est généralement placé parmi les plus belles productions de Roubillac, et regardé comme une des statues les plus remarquables des temps modernes. L'expression et l'exécution en ont été sévèrement critiquées, par Horace Walpole d'abord et d'autres, quant au caractère de Newton, et par des critiques qui contestaient sur la manière dont les draperies avaient été exécutées : mais on leur demanda s'il n'eût pas été mal à propos à Roubiliac de faire les plis de la toile ou de la laine, tandis qu'il avait à représenter de la soie ?

Cette statue a été faite environ vers 1755.

NEWTON.

This statue of the great philosopher is placed in the Ante-Chapel of Trinity College, Cambridge. It represents him standing, " holding a prism, and between his hand and the thought stamped upon his brow, there is a visible connexion and harmony. He exhibits a calm, colossal, vigour of intellect, such as we have reason to believe was the character of the living man. " He is clad in the silk gown belonging to the degree of Master of Arts, his rank in the University.

This is generally enumerated as among the best productions of Roubiliac, and one of the finest statues of modern times; although its expression and execution have each been severely censured, the former by Horace Walpole and others, as too pert for the character of Newton, the latter by those critics who contend against any attempts at discriminating the material of drapery : but it has been asked " would it not have been highly improper if Roubiliac had given folds like those of linen or woollen, when he knew that he had to represent silk? "

This figure was sculptured about 1755.

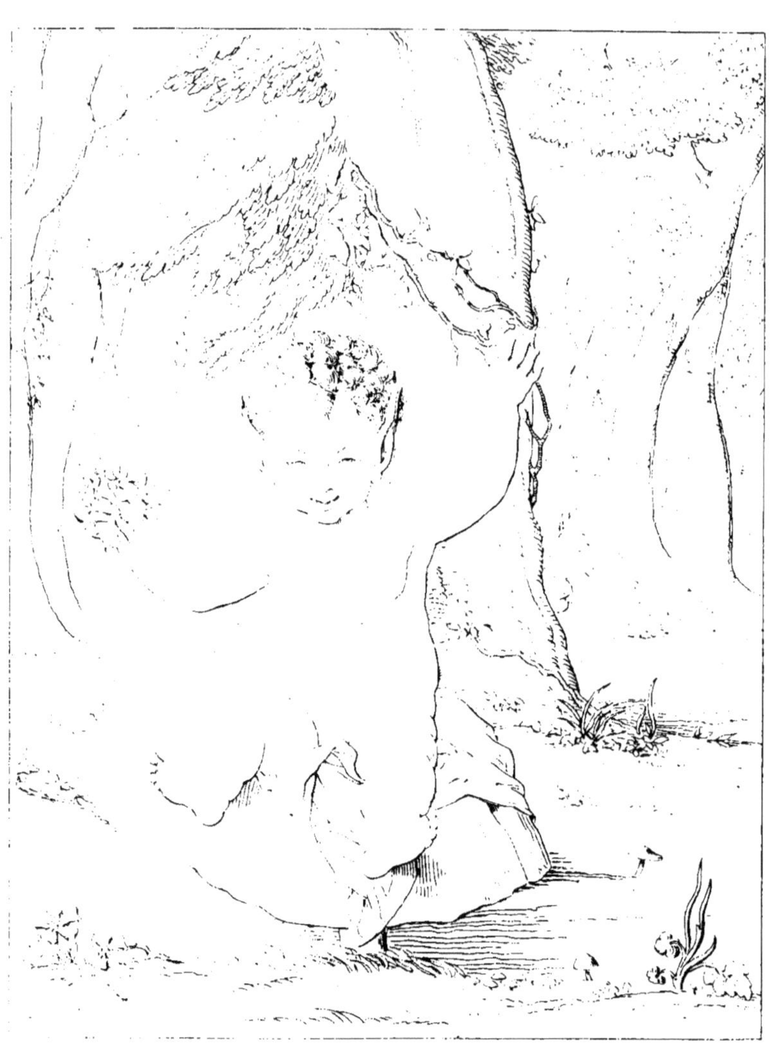

ROBIN BON DIABLE.

Cette création poétique de Shakspeare a été rendue par sir Josué Reynolds avec beaucoup de sentiment. Il a représenté l'esprit malicieux et espiégle appelé Robin bon Diable, ou le gentil Puck, assis sur un champignon et tenant cette fleur magique qui doit influer d'une manière si étrange sur l'imagination de la reine des fées. A la contenance du lutin, on peut supposer qu'il emploie un instant de loisir à penser complaisamment aux sens perdus de Titania, à la métamorphose *Asine* de Bottom, ou à l'invention de quelque nouveau caprice tout aussi fantasque.

L'expression de malice qui règne dans la figure de Puck, l'exactitude du dessin, le coloris brillant de ce tableau en ont fait un de ceux les plus recherchés par les amateurs des arts. L'Alderman Boydell l'acheta 100 livres sterling (2,500) du peintre, et le fit graver par L. Schiavonetti. Lorsque la galerie de Shakspeare fut ensuite démembrée, en 1805, il fut adjugé pour 215 livres sterling, 5 shelings (5,381 fr. 25 c.), à Samuel Rogers, Esquire, auteur des Plaisirs de la Mémoire, de l'Italie, etc., dans la possession duquel il est resté depuis.

ROBIN GOOD-FELLOW.

This poetical creation of Shakspeare has been embodied by Sir Joshua with a kindred feeling. He has seated " the shrewd and knavish sprite called Robin Good-Fellow, or sweet Puck ", on a mushroom, and has placed in his hand that magical flower which wrought so strangely on the imagination of the Fairy Queen : by the countenance of the little elf we may infer that this moment of repose is employed in some complacent recollections of Titania's infatution, and Bottom's asinine metamorphosis, and in the invention of new vagaries of the same whimsical description.

The admirable archness of expression, careful drawing, and exquisite colouring of this picture, have combined to make it an universal favourite with all lovers of art. It was bought of its painter for 100 l. by Alderman Boydell, who employed L. Schiavonetti to engrave it for the smaller edition of the Bard of Avon ; on the dispersion of the Shakspeare Gallery in 1805, it was acquired, at the price of 215 l. 5 s., by Samuel Rogers Esq. author of the Pleasures of Memory, Italy, etc., in whose possession it has since remained.

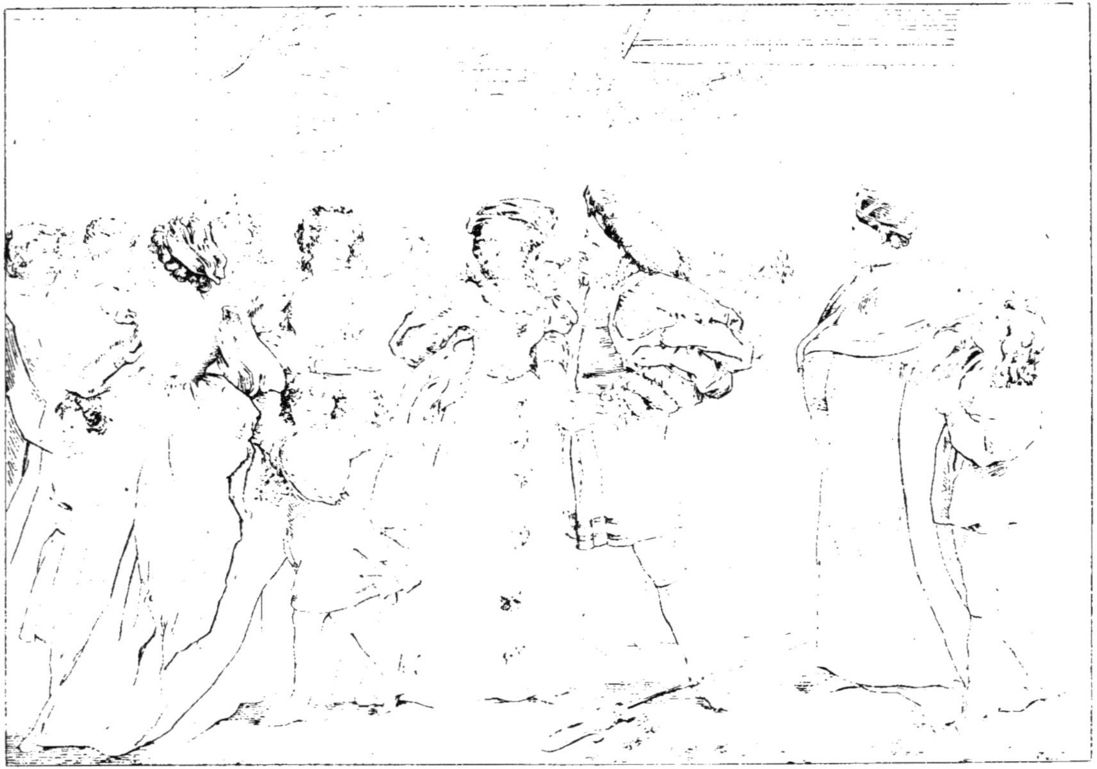

[illegible]

SCÈNE DE HENRI VIII.

Cette composition est prise dans l'acte Ier. scène IV, de Henri VIII, par Shakspeare.

La scène se passe dans la salle d'assemblée du palais de Wolsey à York, pendant une fête que donne le cardinal aux principaux seigneurs de la cour. Le roi, accompagné de plusieurs courtisans, entre déguisé et masqué; chacun invite sa dame pour danser. Henri, en choisissant l'aimable Anne de Boulen, lui dit : « C'est la plus belle main que j'ai touchée de ma vie! O beauté, je ne t'avais pas connue jusqu'à ce jour. » Après la danse, Wolsey quitte sa place et engage aisément le roi à se démasquer; celui-ci, s'adressant alors à sa belle danseuse : « Je serais bien peu galant de vous prendre pour danser, sans vous donner un baiser. »

L'artiste a su donner à cette épisode de fête une bonne partie de la grâce et de la simplicité qui fait le charme de ses autres productions. Ce tableau a été peint pour la galerie de Boydell, et fut gravé pour les deux formats de cette collection, par Isaac Taylor.

SCENE IN HENRY VIII.

THIS composition illustrates act I. scene IV. of Shakspeare's Henry VIII.

The scene is laid in the presence chamber of Wolsey's palace where, at an entertainment given by the cardinal to the chief personages of the court, the king, accompanied by several courtiers, enters disguised and masked; each of them selects a partner for dancing, Henry making choice of the lovely Anne Bullen exclaims

> The fairest hand I ever touch'd. O beauty!
> Till now I never knew thee.

After the dance is over Wolsey quits his chair of state and discovering the king, easily induces him to unmask, and he then salutes his fair partner, saying

> I were unmannerly to take you out
> And not to kiss you.

The painter has imparted to this festive scene a large portion of that captivating grace and simplicity which usually distinguishes the productions of his pencil. It was painted for Boydell's Shakspeare Gallery, and was engraved for both sizes of the Illustrations by Isaac Taylor.

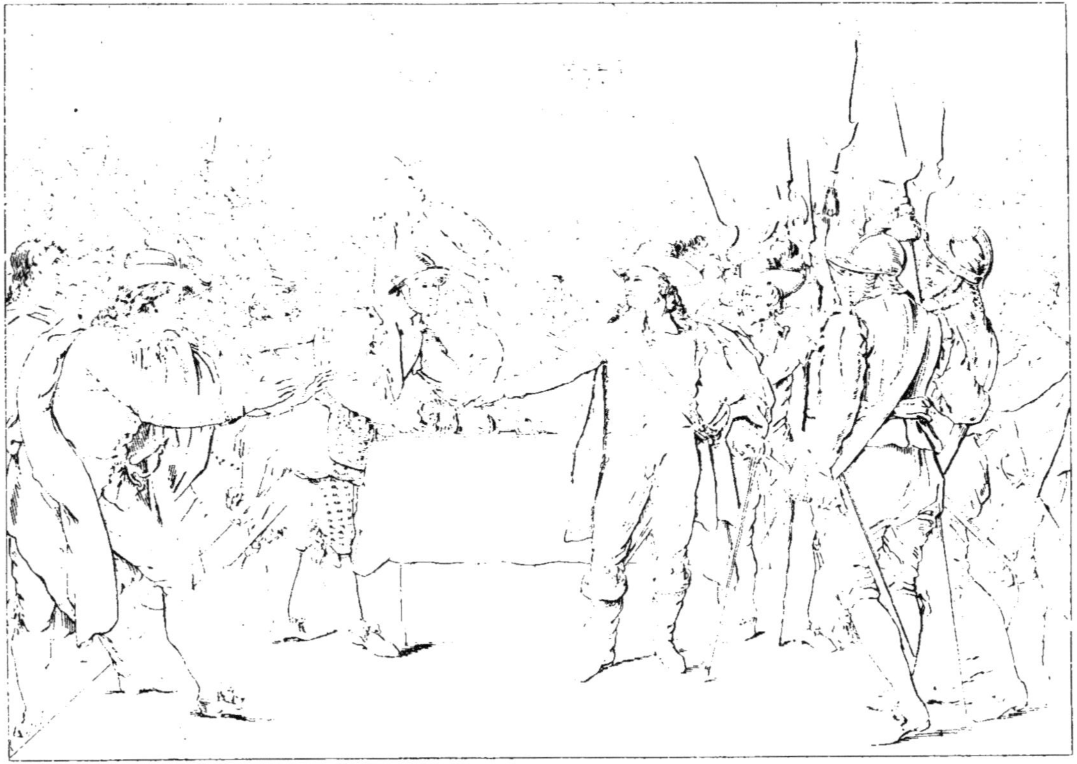

CROMWELL DISSOLVING THE LONG PARLIAMENT

Cromwell dissolvant le Long Parlement

CROMWELL DISSOUT LE PARLEMENT.

Cet événement arriva le 10 du mois d'avril 1653. Le parle
ment s'assembla pour la première fois en 1640 ; mais après
treize ans d'existence, après avoir soutenu avec avantage
une contestation contre les soutiens du pouvoir arbitraire et
du droit divin, après avoir déposé le roi puis l'avoir conduit
à l'échafaud, après avoir aboli la royauté, l'épiscopat, et voté
que la Chambre des Lords était une assemblée inutile et dan-
gereuse, le parlement pâlit enfin devant un pouvoir dont il
s'était fait un instrument : il se soumit à l'armée. O. Cromwell
pendant les scènes actives de la guerre civile saisit plus d'une
occasion de déployer ses talens et s'acquit, par son courage,
sa prudence et une dissimulation égale à sa bravoure, une
influence sans borne parmi ses compagnons d'armes. Voyant
partout matière à changement, il prend ses mesures en conséquence ; il entre sans être attendu dans la Chambre du
Parlement, et, au milieu des débats, reproche brièvement aux
membres leurs vices et leur impopularité, ajoutant que Dieu
ne voulait plus d'eux ; puis à un signal ses soldats firent en
un instant évacuer la salle et fermèrent les portes.

Ce sujet, d'un caractère aussi prononcé, devait être surtout bien rendu par les pinceaux de West ; aussi l'a-t-il heu-
reusement exécuté. Cromwell calme, plein de dignité et de
sang-froid, occupe le centre ; il montre la masse d'armes,
et donne l'ordre d'enlever ce brillant hochet. Lambert, Fleetwood et Ireton sont près de lui. Le colonel Harrison s'a-
dresse fièrement au président Senthall ; à gauche le personnage principal est sir H. Vane, et à ses côtés sont Fairfax,
Rous et Harry Martin.

La composition, l'action, l'expression et le dessin de ce
tableau d'un ordre supérieur, sont parfaitement en rapport.

Il fut peint pour la collection de lord Grosvenor, et a été
bien gravé par J. Hall.

CROMWELL DISSOLVING THE LONG PARLIAMENT.

THE event commemorated in this picture took place April 10, 1653. The Long Parliament first met in 1640, and having sat nearly thirteen years, having maintained a successful contest with the supporters of arbitrary power and divine right, having first deposed the King and then brought him to the scaffold, having abolished royalty and episcopacy, and voted the house of Lords useless and dangerous, began at last to yield before the power of its own instrument, the army. Oliver Cromwell, to whom the active scenes of civil war had afforded many opportunities of displaying great abilities, had by perseverance, prudence, and dissimulation equal to his bravery, acquired an unlimited influence over his companions in arms, and seeing matters every way ripe for a change, he took his resolutions accordingly. Entering unexpectedly into the Parliament House in the midst of a debate he briefly reproached the members with their vices and unpopularity, and adding that the Lord had done with them, he made a signal to his soldiers who speedily cleared the house and locked the doors.

This incident, so decisive of character, is peculiarly adapted for the pencil, and has been successfully treated in the annexed picture. Cromwell, calm, dignified, imperturbable, occupies the center, he points to the mace, and the command to take away that shining bauble has just passed his lips; Lambert, Fleetwood, and Ireton, are near him. The Speaker, Lenthall, is roughly accosted by Colonel Harrison. The principal figure on the left is Sir H. Vane, near to him are Fairfax, Rous, and Harry Martin. The composition, action, expression, and drawing of this picture, are in strict unison, and of a superior order : it was painted for Lord Grosvenor's collection, and has been ably engraved by J. Hall.

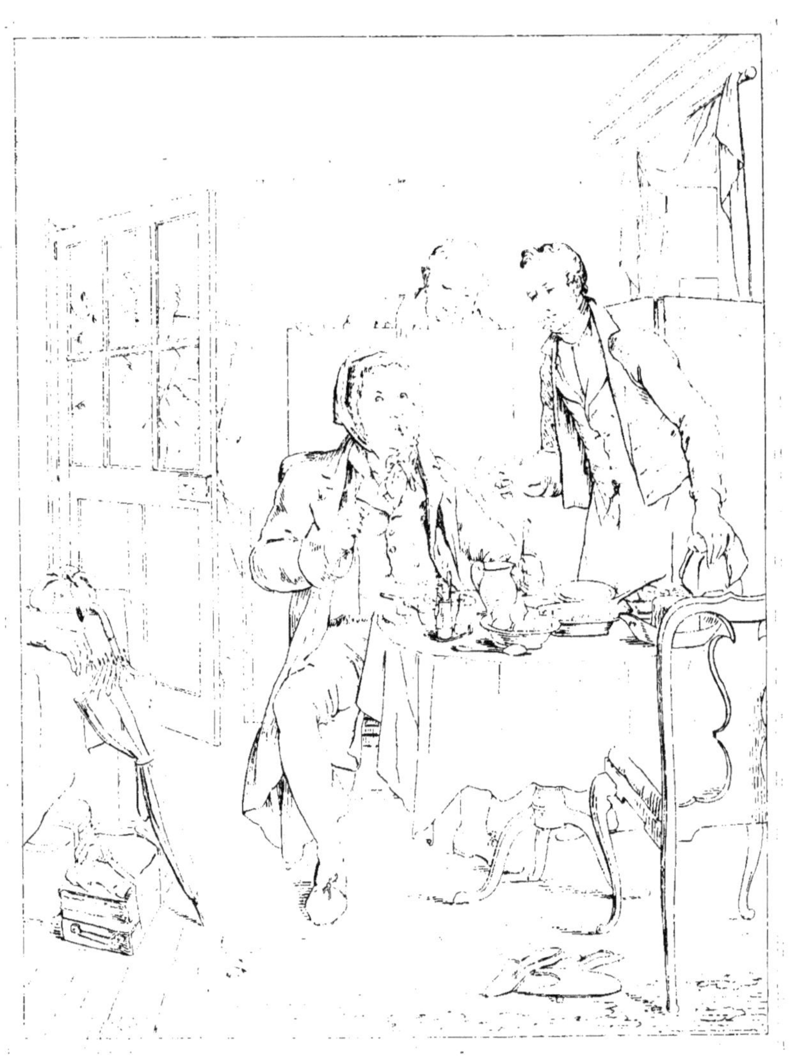

LE VOYAGEUR TOURMENTÉ

Il est peu de personnes qui ne sympathisent avec le personnage infortuné que figure ce tableau ; après avoir voyagé toute la nuit par le froid, joint à ce que quelque mésaventure l'a forcé le soir précédent de se priver de son souper, il vient de mettre pied à terre moitié gelé, et presque mort de faim, devant une auberge où les voyageurs doivent déjeuner. Déjà il a pris place auprès d'un feu pétillant, tout en s'appropriant ces paroles de Falstaff : « Pourquoi ne prendrai-je pas mes aises dans mon auberge. » Déjà il a commencé une attaque sur les mets étalés devant lui avec profusion..... soudain le conducteur annonce, au son de sa trompette, que la voiture est sur le point de continuer sa route. Cet avis retentissant est bientôt confirmé par l'arrivée d'un garçon ; l'indignation du voyageur est à son comble, lorsqu'il voit porté sur la carte ce qu'il ne lui a pas même été permis de consommer.

Il est aisé de voir dans ce tableau que le peintre a bien su rendre le sujet qu'il s'était proposé. L'histoire qu'il a voulu raconter s'explique bien, l'exécution en est soignée et correcte. Il a été gravé par J.-L. Busby.

THE TRAVELLER DISTURBED.

Few persons but will sympathize with the unlucky wight who figures in this production. He has apparently travelled all night in the cold, and probably has been defrauded by some mischance of his supper the previous evening; he has at length arrived late in the morning, half frozen, and half starved, at the inn where, in the technical phrase, the coach breakfasts. Here he has taken up a position before a blazing fire, and soliloquizing in the words of Falstaff « shall I not take mine ease in mine inn, » has divested himself of his boots, and commenced an attack on the good things which are plentifully spread before him, when the guard's horn suddenly announces that the vehicle is about to resume its progress; this assounding information is confirmed by the entrance of the waiter, and our traveller's indignation is completely rouzed on being presented with a bill for what he has not been allowed time to consume.

An inspection of the engraving will show that the painter has succeeded in the aim he proposed, the story being clearly told, and the manual execution of the picture careful and correct. It has been engraved by T.-L. Busby.

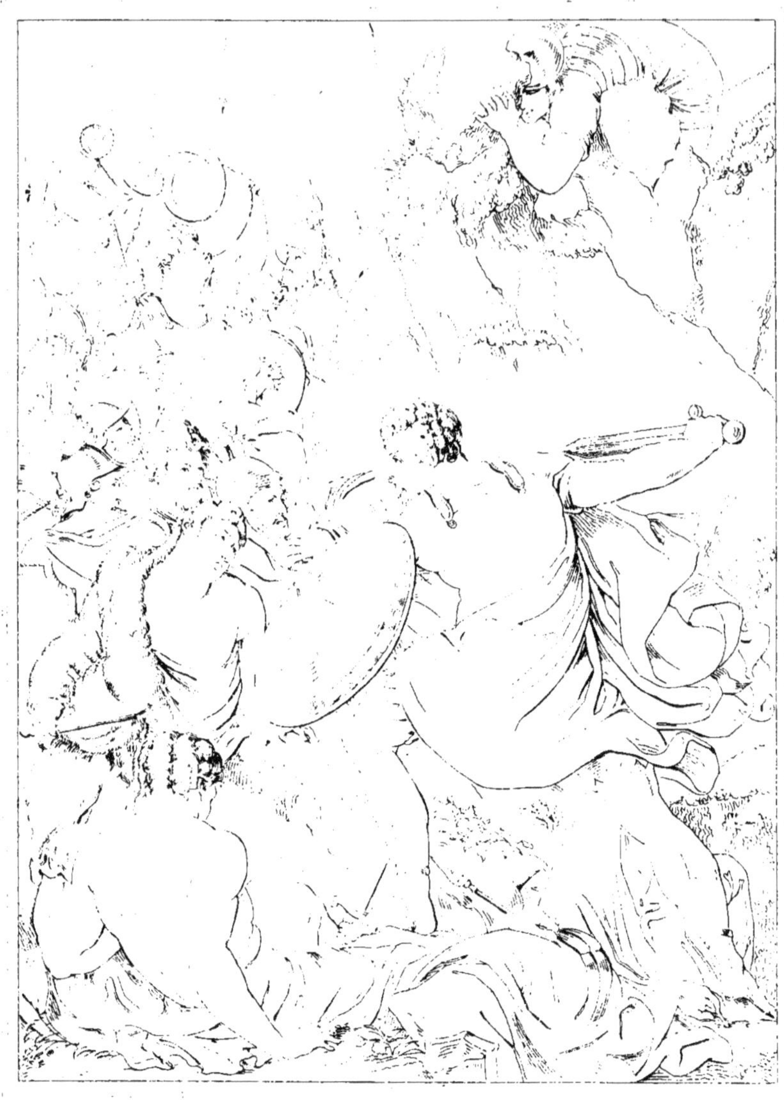

MEURTRE DE DENTATUS.

Le meurtre de L. Siccius Dentatus fut consommé par l'ordre des Décemvirs, A. U. R. 305. Ce vieux soldat, dont le courage lui avait valu le surnom d'Achille romain, resta sous les armes pendant plus de quarante ans, fut présent à cent vingt engagemens, et reçut quarante-cinq blessures, toutes par devant, dont douze à la défense du Capitole, lorsqu'il fut surpris par Hermodius. Dans ces différentes actions, il se signala par toutes sortes de moyens, et cependant, loin de recevoir jamais aucune portion des terres qu'il avait conquises, il eut encore à souffrir la pauvreté et le besoin, tandis que d'autres s'enrichirent des dépouilles dues à sa valeur. Une telle injustice souleva à la fin l'indignation publique; mais les Décemvirs résolurent la perte de ce vieux guerrier plutôt que de souscrire à ces justes réclamations; ils imaginèrent de le faire partir pour l'armée avec le titre et l'autorité d'un ambassadeur, puis de le faire attaquer en route par une bande d'assassins dans une gorge de montagnes. A cette attaque imprévue, Dentatus s'adossa contre un roc, et soutint leurs attaques pendant long-temps avec une telle vigueur, qu'il en tua quinze et en blessa trente. Étonnés d'une force et d'une intrépidité aussi extraordinaires, ils lui lancèrent alors leurs javelots, qu'il sut parer avec son bouclier. Le résultat de ce combat inégal était encore incertain, lorsque plusieurs des meurtriers, escaladant le rocher, détachèrent des quartiers de roches, et accablèrent ainsi ce héros qui, par son courage déterminé, les avait tenus si long-temps en haleine.

Ce tableau, exposé à Somerset-House en 1809, établit la réputation de l'artiste; le dessin en est correct la touche facile est d'une énergie et d'une harmonie admirables. Il a été acheté par le comte Mulgrave, et fut bien gravé sur bois, d'une dimension rare, par **W. Harvey**.

ASSASSINATION OF DENTATUS.

The assassination of L. Siccius Dentatus was perpetrated by the Decemviri , A. U. C. 305. This old soldier, whose courage had procured him the name of the Roman Achilles, had fought his country's battles for more than forty years, and had been present in one hundred and twenty engagements, had received forty-five wounds, all in front, particularly twelve in the recovery of the Capitol when surprised by Hermodius, and in these various actions had signalized himself in every possible way, yet had never received any portion of the conquered lands, but was suffered to exist in poverty and want while others were enriched by the spoils of his valour. A case of such extreme hardship at length aroused the public indignation, and the Decemvirs, secretly resolving to make away with the veteran rather than grant his claims, sent him to the army with the rank and authority of Legate, where it was contrived that he should be assailed in the hollow of a mountain by a band of assassins. In this emergency he placed his back against a rock and withstood all their assaults for a long time, killing fifteen and wounding thirty, terrified by his amazing strength and intrepidity the murderers then showered their darts against him from a distance, these he successfully caught on his shield, and the result of this unequal contest was still undecided when some of his opponents, having climbed the rock, hurled down stones upon him from above, and thus overwhelmed the hero whose determined spirit had so long kept them at bay.

The exhibition of this fine picture at Somerset-House in 1809, established the reputation of its painter; it is drawn and painted with an admirable freedom, correctness, energy and harmony : it was bought by the Earl of Mulgrave, and has been engraved on wood in a superior manner, and of an unusual size, by W. Harvey.

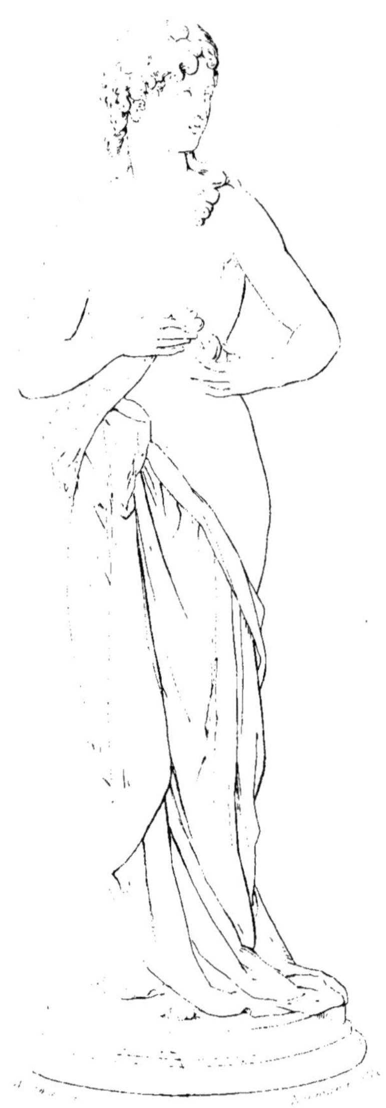

A NYMPH
NG. NYMPHE

UNE NYMPHE.

Cette statue qui donne une belle idée de la perfection avec laquelle l'art de la sculpture a été portée dans nos temps modernes, fut exécutée en 1823 et exposée le printemps de l'année suivante à l'Académie royale de Londres. Elle exprime avec assez de vérité la douceur et la modestie, l'amabilité et l'innocence du jeune âge. Le travail en est aussi soigneusement élaboré que le dessin en est pur, correct et gracieux.

A NYMPH.

Tuis beautiful example of modern art wa ssculptured in 1823, and was exhibited the following spring at the Royal Academy. It admirably expresses the gentleness and modesty, the loveliness and innocence of youth, and its execution is as careful and elaborate, as the design is pure, correct, and graceful.

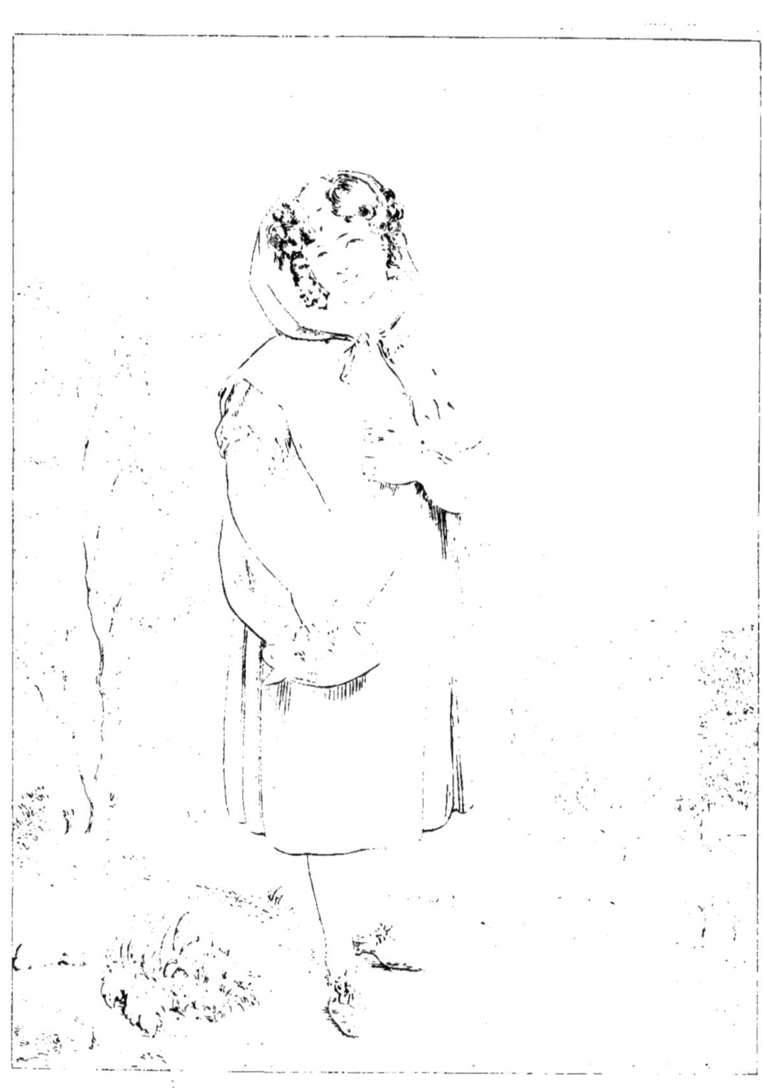

LITTLE RED RIDING HOOD.

Little Red Riding Hood is a portrait of the daughter of J. P. Anderdon Esq. in the unassuming garb and character of a cottage girl, part of whose attire, her red cloak, serves as an identification with the well known nursery story. It is finely expressive of the blooming innocence and unsuspecting confidence of youth, and its rich and harmonious colouring entitle it to be regarded as one of the most felicitous efforts of Lawrence's pencil. It has been engraved by Lane.

LE PETIT CHAPERON ROUGE.

CETTE jeune fille, dont les vêtemens et le mantelet rouge rappellent le conte du petit chaperon rouge, bien connu des enfans, est le portrait de la fille de J.-P. Anderdon Esquire, sous l'ajustement d'une jeune paysanne; sa figure, pleine de fraîcheur et de jeunesse, est remplie de naïveté.

Cette composition, d'un coloris brillant, passe pour être une des meilleures de Lawrence, elle a été gravée par Lane.

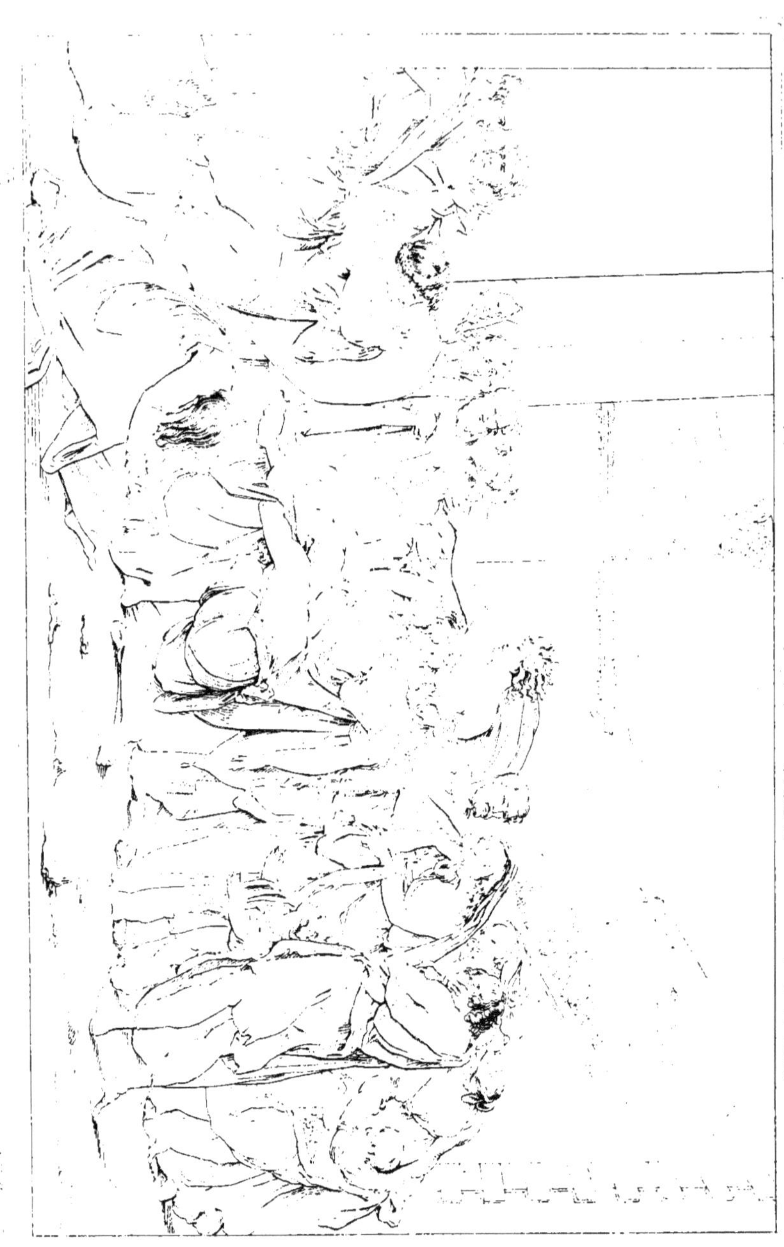

ICILIUS EXCITING THE ROMANS.

THE incident treated in this picture is connected with one of the most remarkable events recorded in the annals of Rome. Dissatisfied with the conduct of the senate and consuls, the people became clamorous for a reform in the government; and ten persons were invested with absolute authority to carry their wishes into effect. The Decemviri laboured earnestly for some time to accomplish the object of their nomination; they drew up the famous laws of the twelve tables, but artfully contrived from time to time various pretexts to postpone the resignation of they delegated power : which, from the ascendancy he had gained over his colleagues, in reality centered in Appius an ambitious and criminal patrician. In all the blind infatuation of security this detestable character conceived, and suborned witnesses to support, an infamous plot, by which he sought to obtain possession of Virginia, a young and beautiful maiden, the only daughter of a respectable veteran, and the betrothed bride of Icilius; and the Decemvir contrived that the adjudication of the affair should come before his own tribunal. His decision deprived the parent of his child; when the unhappy father, seeing no alternative between death and dishonour, hesitated not to plunge a knife into the heart of Virginia; and devoted the head of Appius to the Infernal gods. The populace, previously incensed against the Decemviri, warmly espoused the cause of injured innocence; and, excited by the exhortations and example of Icilius and his friends, drove the tyrants into banishment, while Appius died by his own hand.

This picture was presented to the Royal Academy by its painter in 1799, and is placed in the Council Room of that institution. Its conception and execution merit honourable notice : it has been well engraved in the chalk manner by N. Schiavonetti.

ICILIUS EXCITANT LES ROMAINS A LA VENGEANCE.

LE sujet de ce tableau rappelle un des événemens les plus remarquables que nous ont transmis les annales de Rome. Mécontent de la conduite du sénat et des consuls, le peuple voulut une réforme dans le gouvernement; pour satisfaire à ses clameurs, dix hommes furent investis du pouvoir absolu. Ces décemvirs travaillèrent pendant quelque temps avec zèle pour répondre au sujet qui les avait fait nommer. Ce furent eux qui rendirent les fameuses lois des douze tables; de temps en temps, cependant, ils imaginaient avec art différens prétextes pour s'exempter des devoirs auxquels ils étaient assujettis; c'est cette licence qui fit d'Appius, dont l'ascendant avait prévalu sur ses collègues, un patricien ambitieux et criminel. Aveuglé par la sécurité dont il croyait jouir, cet homme infâme soudoya de faux témoins et voulut mettre à exécution le complot qu'il avait formé de s'emparer de la belle et jeune Virginia, fille unique d'un brave soldat, et fiancée à Icilius. Il la fit comparaître devant son propre tribunal, sa décision fut qu'on la séparerait de sa famille, qu'un de ses acolytes prétendait n'être pas la sienne. Lorsque son malheureux père vit qu'il n'y avait plus pour elle que l'alternative du déshonneur ou de la mort, il n'hésita pas à plonger un couteau dans le sein de Virginia, et voua la tête d'Appius aux dieux infernaux. Le peuple, déjà animé contre les décemvirs, adopta avec chaleur la cause de l'inocence opprimée, et, exité par les conseils et l'exemple d'Icilius et de ses amis, il chassa les tyrans; Appius se donna la mort.

Ce tableau fut présenté à l'académie royale de Londres par son auteur, en 1799, il est placé dans la salle du conseil de cette institution. La conception et l'exécution méritèrent à l'artiste une mention honorable. Il a été bien gravé à la manière noire, par N. Schiavonetti.

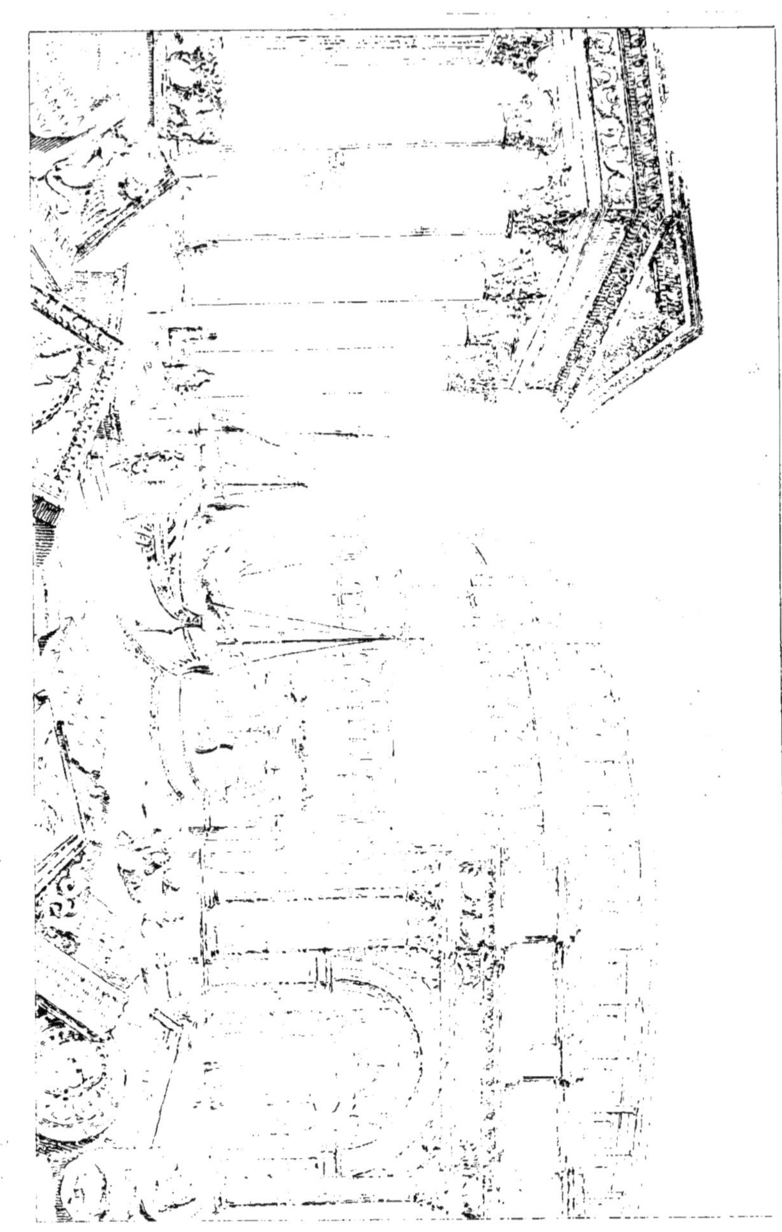

ANTIQUITIES AT POLA.

Pola, in the Istrian Peninsula, a city of the highest anti-
quity, was a place of considerable consequence under the
Roman Empire : its prosperity and importance has, however, long since passed away, and its population now scar-
cely amounts to 700 souls ; chiefly fishermen and their fami-
lies. It is agreeably situated on the gulf of Trieste, has a ca-
thedral, and is commanded by a citadel : the walls of the
town were demolished by the French troops previously to
abandoning it in 1814.

To the historical and classical antiquary, and to the ad-
mirers of the picturesque, the interest of Pola remains un-
diminished, containing numerous examples of ancient art,
the most important of which are skilfully grouped in the
annexed composition. On the left is seen the Temple of
Rome and Augustus ; and on the right the arch of the Sergii,
the Porta Aurata. The maritime character of the city is
hinted by the gallies ; beyond them is a portion of a gate
which, in its perfect state, presented an elevation of three
uniform arches, and led to the magnificent Amphitheatre,
which stupendous edifice rises above all like a colossus and
fills the scene : it stands within the site of the ancient town,
measures 436 feet in its largest, and 346 feet in its smallest,
diameter, and is 97 feet high. The Istrian stone used in the
construction of these buildings is of a quality little inferior
to the finest marble.

Some of the antiquities of Pola have been treated incidentally by Stuart and Revett ; collectively, they make the
subject of a splendid volume by Thomas Allason Esq., whose
admirable sketches furnished the materials for this fine composition, which forms the frontispiece to the work, being engraved by George Cooke with all his characteristic taste and
feeling.

ANTIQUITÉS DE POLA.

Pola, dans la péninsule Istrienne, dont l'origine remonte à une haute antiquité, était, sous l'empire romain, d'un commerce considérable. Cette cité a depuis beaucoup perdu de sa prospérité et de son importance, car sa population ne s'élève guère maintenant qu'à 700 habitans, presque tous pêcheurs; elle est agréablement située près du golfe de Trieste, elle a une église et une citadelle. Les murs de la ville ont été démolis en 1814 par les troupes françaises quelque temps avant de la quitter.

Pour un amateur d'antiquités historiques et classiques, et pour les admirateurs du pittoresque, Pola n'a rien perdu de son intérêt, elle renferme encore de nombreux exemples de la perfection avec laquelle les arts étaient cultivés alors. Les morceaux les plus importans ont été groupés ici aussi bien que possible : à gauche on voit le temple de Rome et d'Auguste, à droite l'arche Sergius, la *porta Aurata*; un peu plus loin, on aperçoit une partie de porte qui présentait 3 arches uniformes, et conduisait au magnifique amphithéâtre dont l'édifice étonnant s'élève comme un colosse et remplit la scène. Cet amphithéâtre se trouvait dans l'enceinte de la ville; il avait 463 pieds de diamètre le plus long, le plus petit était de 370 pieds et 103 pieds de haut. La pierre d'Istrie, employée pour la construction de ces monumens, était d'une qualité un peu inférieure à celle du plus beau marbre. Stuart et Revett ont donné dans leur ouvrage quelques-unes de ses antiquités; mais Thomas Allason Esquire a pris de ces anciens monumens de quoi former un très-beau volume; les dessins admirables qu'il en a fait ont fourni à l'artiste les différens morceaux qui ornent cette belle composition, formant le frontispice de l'ouvrage, gravé par Georges Cooke avec beaucoup de goût et de sentiment.

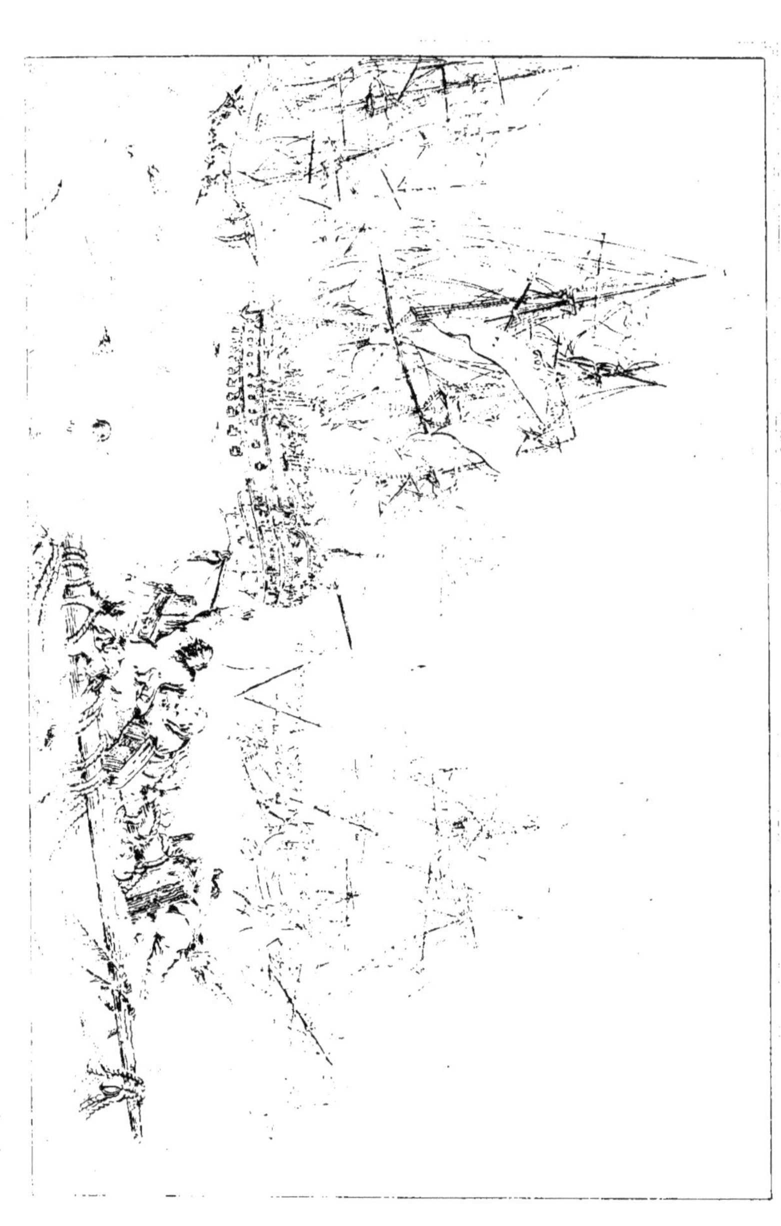

BATTLE OFF CAMPERDOWN.

On the morning of the eleventh of October 1797, the Dutch fleet, commanded by Admiral de Winter, was descried by the British squadron under Admiral Duncan, off the coast of Holland between Egmont and Camperdown. Signals were immediately thrown out to bear down and engage; and in a short time the action became general throughout the hostile fleets, whose numbers were equal. A sanguinary engagement, which commenced at noon and ended about four o'clock, was terminated by the capture of eight Dutch sail of the line, two ships of fifty-six guns, and two frigates; amounting to two thirds of the effective strength of their fleet. Duncan in the Venerable, and de Winter in the Vryheid, engaged each other broadside to broadside for three hours; each ship had one half of its crew killed or wounded, and it was not until his vessel was completely dismasted, and farther resistance had become impossible, that the gallant Dutchman struck his colours.

Loutherbourg's representations of sea fights, are among the best productions of his pencil, and may be cited as inferior to none in the same line of art : by the means of skilfull grouping, much truth of colour, and an impressive light and shade, he has imparted an interest to most of his pictures of that class that has rarely been equalled. The battle of Camperdown has been finely engraved by J. Fittler.

BATAILLE DE CAMPERDOWN.

Dans la matiné du 11 octobre 1797, la flotte hollandaise, commandée par l'amiral de Winter, se trouva en présence de l'escadre anglaise, amiral Duncan, près des côtes de la Hollande, entre Egmont et Camperdown. Les signaux furent immédiatement donnés pour commencer le combat, en peu d'instans l'engagement devint général sur tous les bâtimens, égaux en nombre dans chaque flotte; un combat sanglant qui commença à midi ne se termina qu'à quatre heures par la prise de huit vaisseaux de ligne hollandais, deux autres de cinquante - six canons et deux frégates, formant les deux tiers de la force effective de la flotte hollandaise. *Le Venerable* monté par Duncan, *le Vryheid* monté par de Winter, se trouvèrent côte à côte pendant trois heures ; chacun des vaisseaux avait déjà la moitié de son équipage tué ou blessé, et ce ne fut que lorsque *le Vryheid* fut entièrement démâté, et que toute résistance fût devenue impossible, que le brave hollandais amena son pavillon.

Les tableaux de combats navals qu'a peints Loutherbourg, sont considérés comme ses meilleures compositions, et peuvent marcher de pair avec ce qui a été fait de mieux en ce genre; les personnages bien groupés, le bon coloris et l'effet heureux du clair-obscur ont beaucoup fait valoir ses tableaux.

La bataille de Camperdown a été bien gravée par J. Fittler.

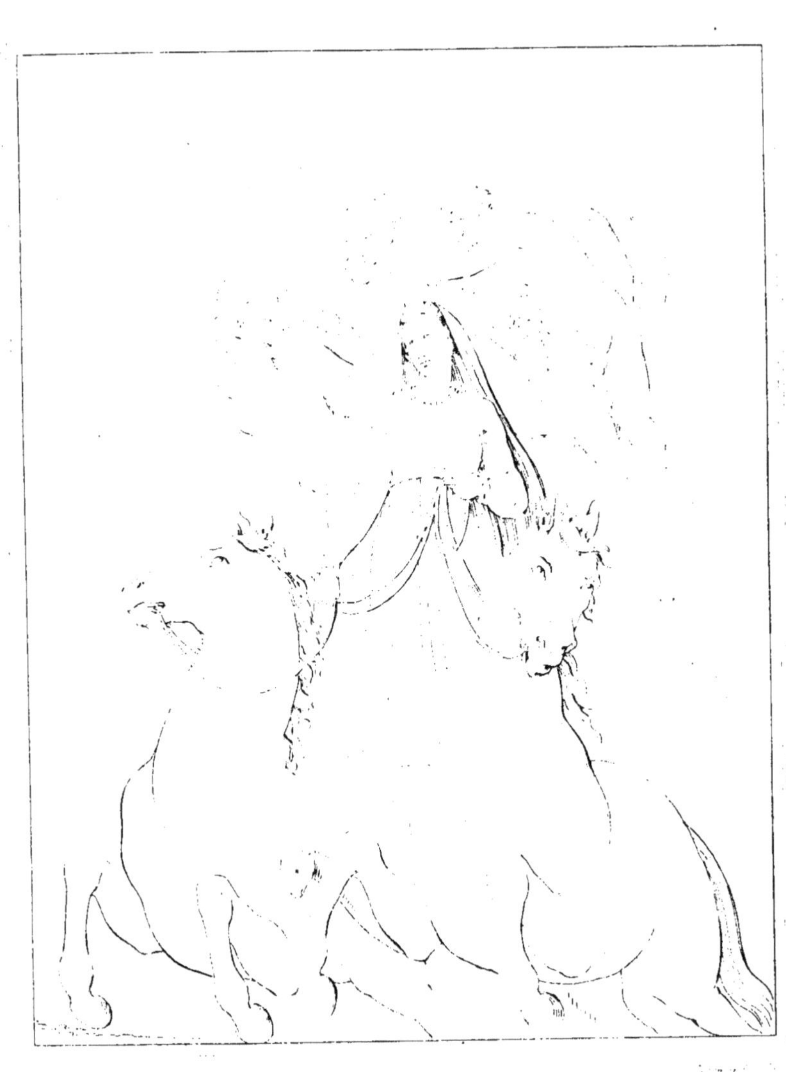

NIGHT.

Tʜɪs picture was painted from the fourth Elegy of the third Book of Tibullus. The subject of the poem is an ill-boding dream which tormented the author; and Nox or Night is mentioned briefly and incidentally.

> Now Night had lav'd her coursers in the main,
> And left to dewy dawn a doubtful reign;
> Bland sleep , that from the couch of sovrow flies ,
> (The wretch's solace) had not clos'd my eyes.
> Gʀᴀɪɴɢᴇʀ's Tɪʙᴜʟʟᴜs.

The poetical imagination of the artist has embodied a classically appropriate illustration of the text. The goddess is represented standing in a car drawn by two horses con-formable to the descriptions of other ancient authors, her veil is thrown back, ant the dancing Stars compose her fi-lial train according to the first elegy of the preceeding book. The composition is imbued with a graceful simplicity , and the execution evinces a corresponding correctness and judgment. It has been engraved with great taste by Anker Smith for Sharpe's edition of Poetical Translations.

LA NUIT.

La quatrième élégie du troisième livre de Tibulle a fourni à l'artiste le sujet de son tableau. Dans cette élégie l'auteur, tourmenté par un songe de mauvais augure, a décrit la nuit (*nox*) comme accessoire au sujet.

« Déjà le noir et quadruple attelage de la Nuit avait par» couru les voûtes étoilées ; déjà ses coursiers mouillaient les » roues du char dans la mer ; l'utile sommeil n'avait point » encore apporté aucun calme à mon âme, il fuit les toits » qu'habitent les sollicitudes.... »

L'imagination poétique de l'artiste a pour ainsi dire personnifié la Nuit de Tibulle. La déesse est représentée debout sur un char attelé de deux chevaux conformes aux descriptions données par d'autres anciens auteurs ; son voile est rejeté en arrière et « les étoiles qui scintillent forment sa suite filiale », tel que le dit la première élégie du livre précédent.

La composition de ce tableau est pleine de grâce et de simplicité. Le dessin en est correct et fait avec sentiment. Il a été gravé avec beaucoup de goût par Anker Smith pour l'édition de traductions poétiques de Sharpe.

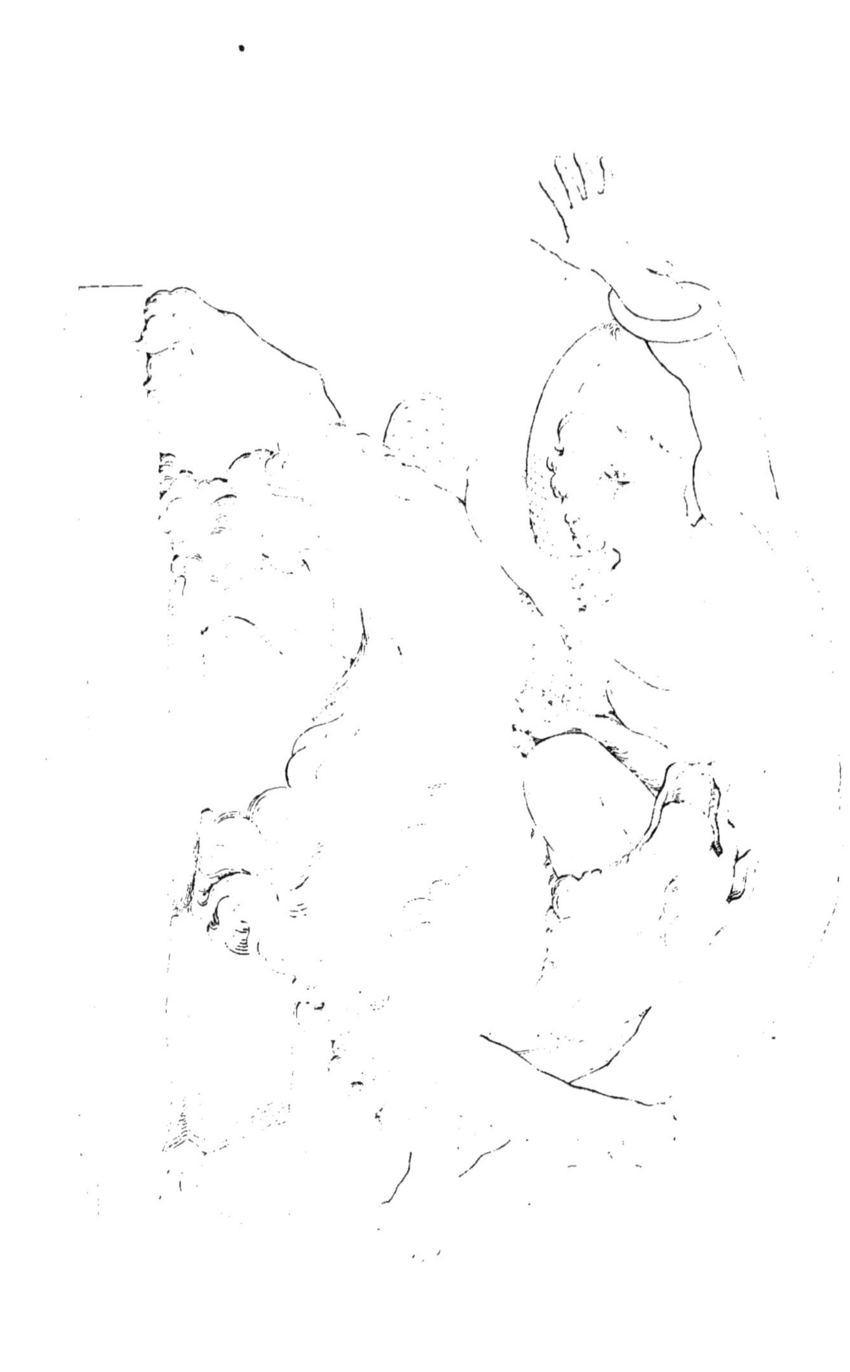

PIRITHOUS.

Pirithous, a son of Ixion and the Cloud, or, according to others, of Ixion and Dia, became king of the Lapithæ, a people of Thessaly; his friendship for Theseus, and his nuptials with Hippodamia, are among the most celebrated events of mythology. After the decease of Hippodamia, Theseus being also a widower, the two friends resolved to marry none but goddesses, or daughters of the gods : in pursuance of this agreement Helen was first carried off and assigned by lot to Theseus, who then aided Pirithous in an attempt to seize Proserpine. The vigilance of Pluto defeated this enterprize, and the daring mortals were doomed to the severest punishment until released by Hercules.

The precise nature of the torments inflicted on Pirithous is variously related; Proctor has followed that account which states that he was torn in pieces by Cerberus : he executed this figure as a companion to the Ixion given in n°. 27, and it is strongly marked with the same excellencies; the same distinguished Amateur Sir Abraham Hume Bart. is the owner of both, which are here engraved for the first time.

PIRITHOUS.

Pirithous, fils d'Ixion et d'un nuage sous la forme de Junon, ou selon d'autres d'Ixion et de Dia, devint roi des Lapithes, peuple de la Thessalie. La mythologie a rendu célèbre son amitié pour Thésée et son mariage avec Hippodamie ; après la mort de celle-ci, Thésée étant veuf aussi, ils formèrent la résolution de ne se marier qu'à des déesses ou des filles de dieux : en conséquence de ce projet Hélène, enlevée la première, fut assignée pour lot à Thésée ; celui-ci à son tour aida Pirithous à ravir Proserpine. La vigilance de Pluton fit échouer leur entreprise, et ces mortels téméraires subirent les punitions les plus sévères, jusqu'à ce qu'Hercule vint les délivrer.

La nature des tourmens qu'éprouva Pirithous est rapportée de diverses manières ; Proctor a suivi la tradition qui dit que ce prince fut mis en pièces par le chien Cerbère.

L'artiste exécuta ce morceau pour faire pendant à l'Ixion, donné au n°. 172, livraison 27 ; il a su en faire ressortir les mêmes beautés. Un amateur distingué, sir Abraham Hume, baronet, acheta ces deux sculptures gravées ici pour la première fois.

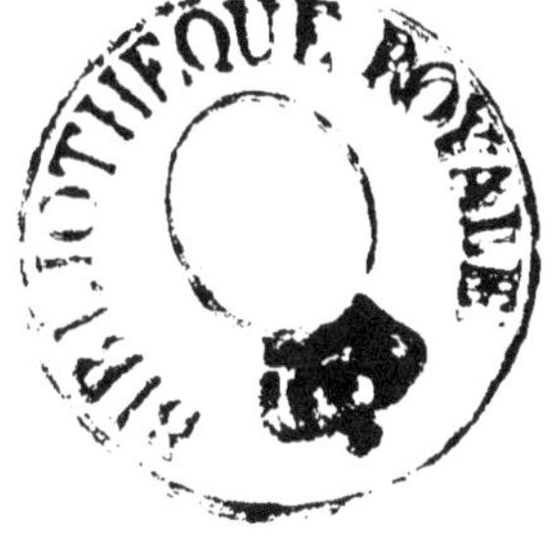

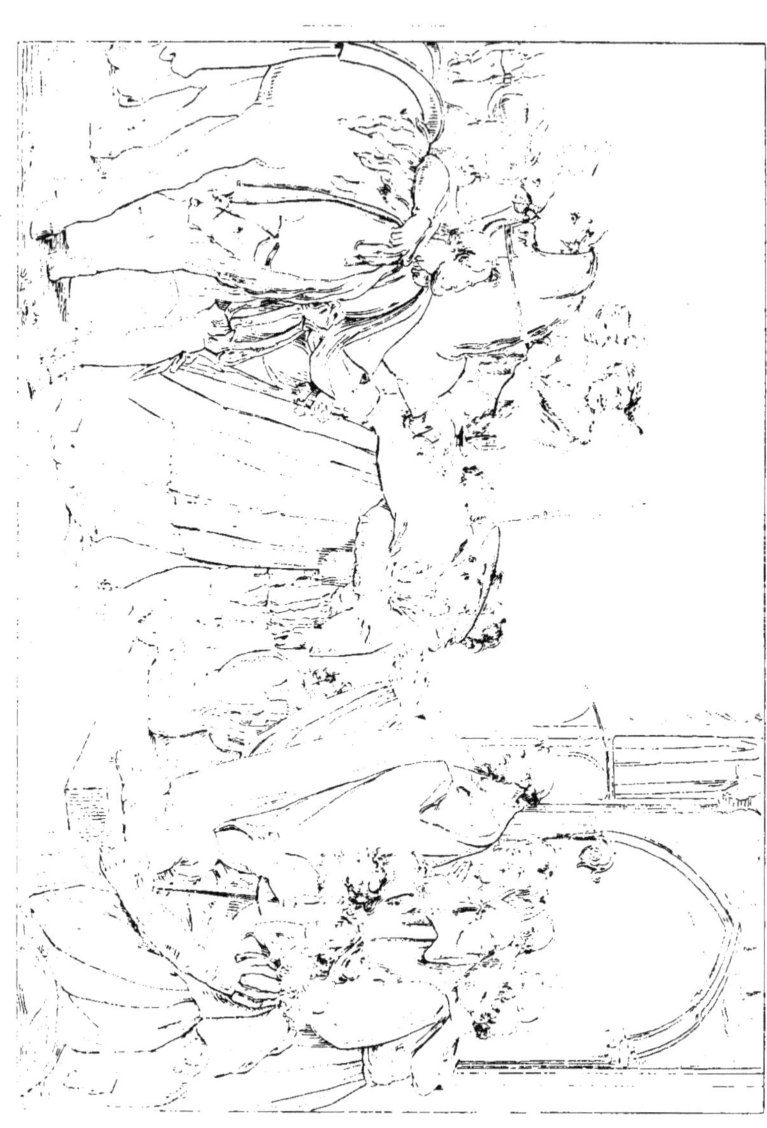

WOLSEY ARRIVANT A L'ABBAYE DE LEICESTER.

Dans le IVe. acte de Henri VIII de Shakspeare, Griffith, écuyer de Catherine d'Aragon, lui raconte les circonstances de l'arrestation du cardinal Wolsey à York, et comment il tomba malade pendant son voyage à Londres sous la garde du grand comte de Northumberland.

Enfin, à petites journées il arriva à Leicester et logea dans l'abbaye, où le révérend père abbé avec tous ses religieux le reçut honorablement. Le cardinal lui adressa ces paroles : *O père abbé, un vieillard brisé par les orages de la cour vient reposer au milieu de vous ses membres fatigués : accordez-lui par charité un peu de terre.* Il se mit au lit, où sa maladie fit des progrès si violens que, la troisième nuit après son arrivée, vers huit heures, qu'il avait prédit lui-même être sa dernière heure, plein de repentir, plongé dans de continuelles méditations, au milieu des larmes et des soupirs, il rendit au monde ses dignités, au ciel son âme bienheureuse, et s'endormit dans la paix.

L'artiste a représenté avec talent l'arrivée de cet homme d'état à l'abbaye de Leicester. Cette composition est animée sans être confuse; le dessin en est bon, les costumes militaires et ecclésiastiques sont bien peints et offrent une variété agréable; le coloris en est brillant et harmonieux.

Ce tableau a été peint pour la galerie de Boydell et gravé en grand par R. Thew.

WOLSEY AT LEICESTER ABBEY.

In Act. IV, Scene II. of Schakspeare's Henry VIII, Griffith, the gentleman-usher to Catherine of Arragon, relates to her the circumstances of cardinal Wolsey's arrest at York, and his falling sick on his journey towards London, when in custody of « the stout earl Northumberland. »

> At last, with easy roads he came to Leicester,
> Lodg'd in the abbey; where the reverend abbot',
> With all his convent, honourably receiv'd him;
> To whom he gave these words, *O father abbot ,*
> *An old man, broken with the storms of state,*
> *Is come to lay his weary bones among ye ;*
> *Give him a little earth for charity !*
> So went to bed : where eagerly his sickness
> Pursued him still ; and three nights after this ,
> About the hour of eight (which he himself
> Foretold , should be his last) full of repentance
> Continual meditations, tears , and sorrows ,
> He gave his honours to the world again ,
> His blessed part to heaven, and slept in peace.

The artist has happily represented the fallen statesman's arrival at Leicester abbey in the picture before us : the composition is animated without confusion, the drawing and expression are good, the varied costumes of the civil military and ecclesiastical orders are picturesquely and skilfully treated, and the colouring brilliant and harmonious.

This picture was painted for Boydell's Shakspeare Gallery and engraved for the larger series of illustrations by R. Thew.

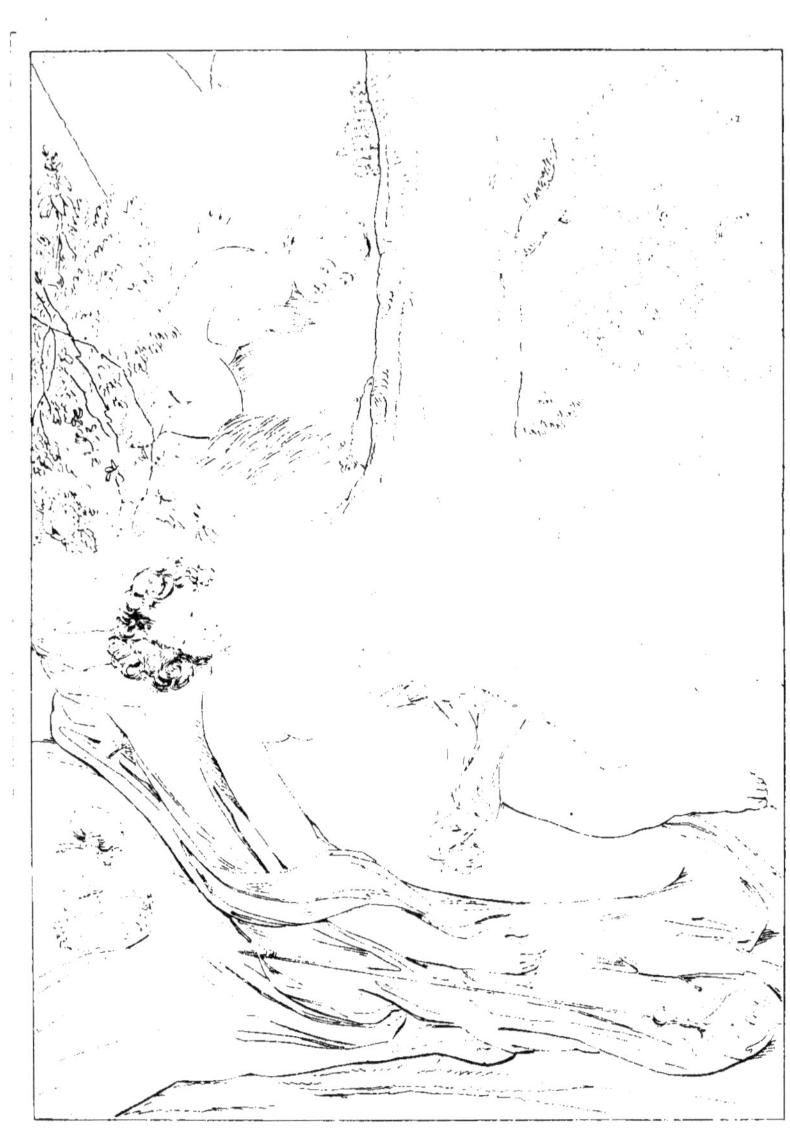

TITANIA.

C'est ainsi qu'Obéron, dans *le Songe d'une nuit d'été* de Shakspeare, décrit l'endroit où repose la reine des fées :

Je connais un terrain où croît le thym sauvage, où la violette se balance auprès de la grande primevère et qu'ombragent le suave chèvre-feuille, de douces roses parfumées et le bel églantier. C'est là que, pendant quelques heures de la nuit, Titania, fatiguée des plaisirs de la danse, s'endort au milieu des fleurs.

Tandis qu'elle sommeille, gardée par les esprits qui forment sa suite, le malicieux Puck, dévoué aux volontés d'Obéron, voyant que la retraite de Titania va être troublée par l'arrivée d'une troupe de paysans ignorans réunis dans le bois pour y répéter une comédie de leur goût, dit :

Quels sont ces grossiers personnages qui font ici les fanfarons, si près du lit où repose la reine des fées? Quoi ! une pièce en jeu ! je veux être de l'auditoire, et peut-être aussi y serai-je acteur.

Ce tableau fut exposé à l'Académie royale de Londres en 1810 ; la composition en est belle, le dessin correct et la couleur suave. Il a été acheté par W. Chamberlayne Esquire, et gravé en mezzo-tinte par W. Say.

TITANIA.

OBERON, in Shakspeare's Midsummer Night's Dream thus describes the spot where his fairy consort reposes;

> I know a bank whereon the wild thyme blows,
> Where oxlips and the nodding violet grows,
> Quite over-canopied with lush woodbine,
> With sweet musk-roses and with eglantine :
> There sleeps Titania.

While thus abandoned to sleep, she is guarded by attendant elves; and Puck, the active minister of Oberon's will, finding the sanctity of her bower menaced by the proceedings of a party of ignorant rustics, who assemble in the recesses of the wood to rehearse a play after their manner, exclaims :

> What hempen homespuns have we swaggering here,
> So near the cradle of the fairy-queen ?
> What, a play toward? I'll be an auditor,
> An actor too, perhaps, if I see cause.

This picture was exhibited at the Royal Academy in 1810, and its graceful composition, careful drawing and mellow tone of colour, excited much attention. It was bought by W. Chamberlayne Esq. M. P. and has been engraved in Mezzo-tinto by W. Say.

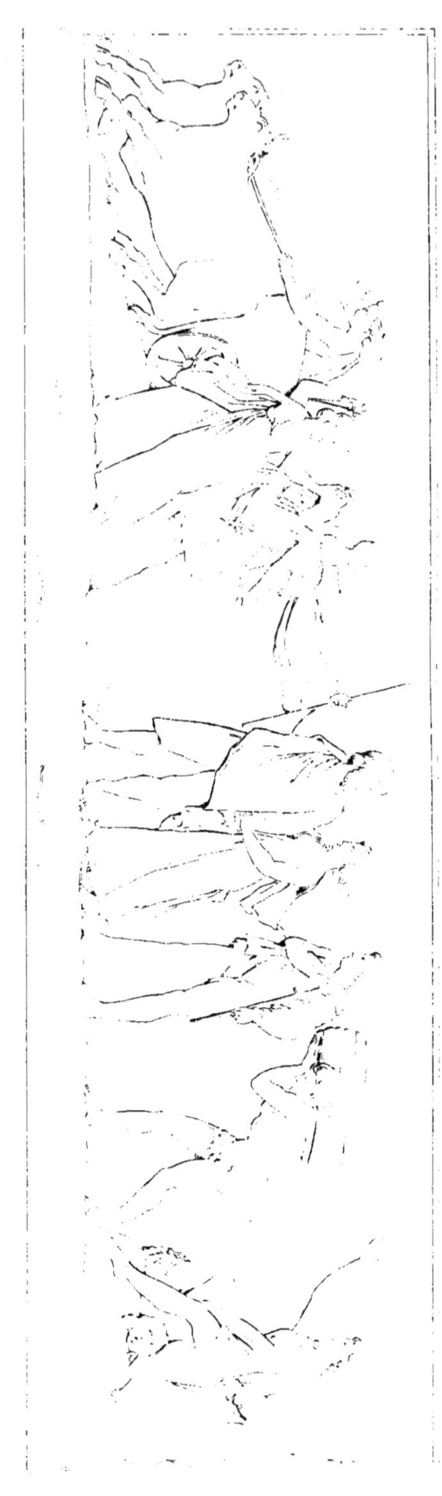

LE DRAME MODERNE, N°. I.

A droite de ce bas-relief on voit Shakspeare assis. Le masque de la tragédie et celui de la comédie sont à ses pieds ; son bras droit est étendu comme pour appeler à lui quelques-uns des êtres fantastiques enfantés par son imagination. Dans le groupe le plus rapproché de lui se trouvent les principaux personnages de la *Tempéte* conduits par Ariel : Prospero, sa baguette magique à la main, Miranda implorant son père pour celui qu'elle aime, Ferdinand qui tient son épée à moitié sortie du fourreau, puis derrière lui se montre Caliban courbé sous le poids de son fardeau. Plus loin sont Macbeth et lady Macbeth tenant un poignard de chaque main, devant eux la triple Hécate est sur un char traîné par des bœufs.

THE MODERN DRAMA, N°. I.

This composition represents Shakspeare seated, at his side are the tragic and comic Masks, and his right arm is extended as in the act of calling up some of the most remarkable personages of the drama, the most singular and brilliant conceptions of his mighty imagination. The group nearest him contains the principal characters in the Tempest led by Ariel; Prospero with his wand, Miranda, supplicating her father for her lover, Ferdinand, who appears with his sword half unsheathed, followed by the monster Caliban bending beneath his burden : beyond these are Macbeth, and Lady Macbeth with the daggers ; and, at the extremity, Hecate in her triform character in a car drawn by oxen.

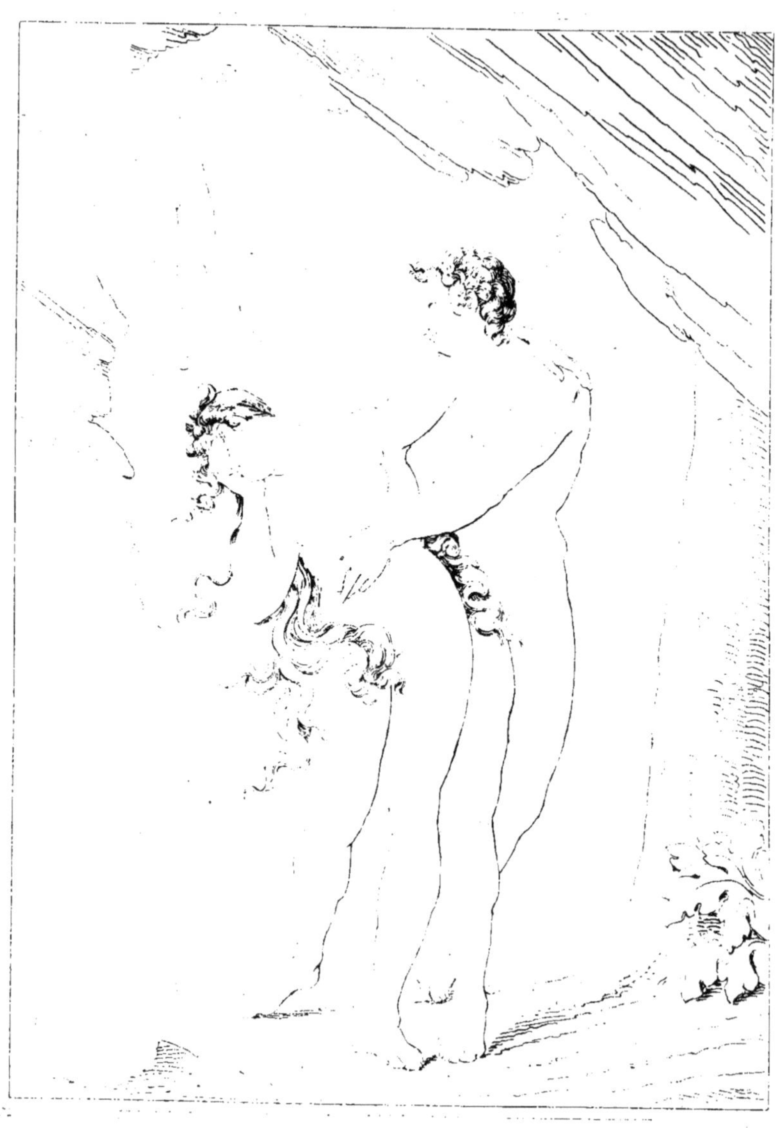

THE DESPAIR OF EVE.

This subject is found in the tenth book of Paradise Lost; where Eve, in an agony of despair at the consequences of her disobedience to the divine command, proposes to Adam that they should inflict death on themselves.

> She anded here, or vehement despair
> Broke off the rest; so much of death her thought
> Had entertain'd, as dy'd her cheeks with pale
> But Adam, with such counsel nothing sway'd,
> To better hopes his more attentive mind
> Labouring had rais'd; and thus to Eve reply'd.
> Eve, thy contempt of life and pleasure seems
> To argue in thee someting more sublime
> And excellent than what thy mind contemns;
> But self-destruction therefore sought, refutes
> That excellence thought in thee; and implies
> Not thy contempt, but anguish and regret
> For loss of life and pleasnre over lov'd.

This picture formed one of the series executed by Fuseli from the poems of Milton, and may be ranked among the most successful productions in that great work, possessing a dignified grace and simplicity of composition with great correctness of drawing. It was engraved to illustrate Duroveray's handsome edition of Paradise Lost, and also by M. Haughton in the chalk manner.

DÉSESPOIR D'ÈVE.

Ce sujet est pris dans le dixième livre du Paradis perdu. Ève, en proie aux remords que lui causent les suites de sa désobéissance aux ordres divins, vient de proposer à Adam de se donner la mort :

> En achevant ces mots que sa rage interrompt,
> La paleur de la mort se répand sur son front ;
> Mais Adam, que soutient un espoir plus sublime,
> Rejette ce projet, par ces mots la ranime :
> « Chère épouse dit-il, compagne de mon sort,
> » Ce mépris du plaisir, ce désir de la mort
> » Qui d'un cœur généreux affectent la noblesse,
> » Ne sont en vérité qu'un signe de faiblesse.
> » Ce n'est pas le mépris de ces biens superflus,
> » C'est l'unique regret de les avoir perdus
> » Qui produit le desir d'abréger la carrière. »

Ce tableau fait partie d'une suite qu'a exécutée Fuseli pour les poëmes de Milton, et peut être placé parmi les plus heureuses productions de ce grand travail ; il joint à une simplicité noble et gracieuse l'exactitude du dessin. Il a été gravé pour orner la belle édition du Paradis perdu de Duroveray ; M. Haughton en a fait aussi une gravure à la manière noire.

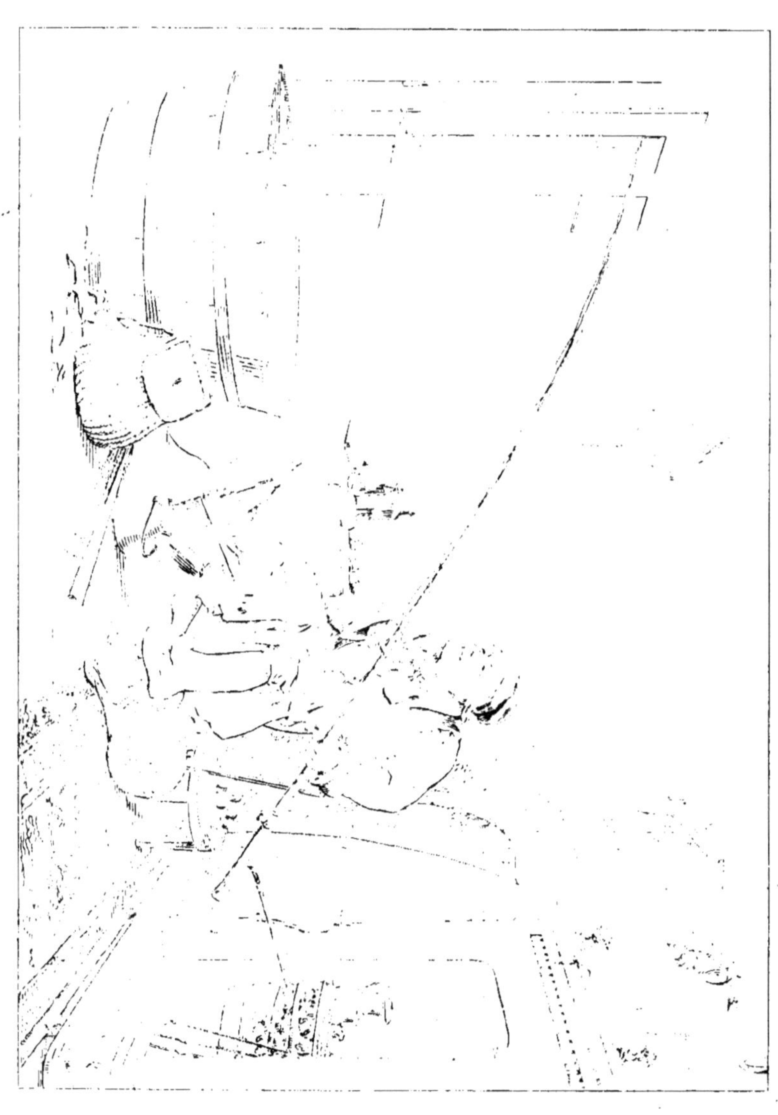

L'ENTHOUSIASTE.

Nous voyons ici une copie plaisante du pouvoir que l'habitude acquiert sur un individu qui cède à l'illusion qui lui plaît. Tout souffrant d'une attaque de goutte qui, pour les esprits ordinaires, équivaut à une privation totale de tout passe-temps favori, un amateur zélé de la pêche, disciple plein d'ardeur d'Isaac Walton, a cru trouver dans sa fertile imagination une ressource qui doit l'aider à détourner les malicieuses attaques du mal qui le tourmente. Une cuve de brasseur remplie d'eau, et comme on s'en doute bien fournie d'un bon nombre d'habitans de l'élément liquide, lui fait encore trouver même auprès de son feu, et en dépit de sa goutte, quelque jouissance dans son plaisir accoutumé ; il veille sur le liége de sa ligne, plein de confiance dans le succès de ses efforts.

Ce tableau fut exposé à Somerset House en 1828 ; l'originalité de sa conception aussi-bien que la bonté de l'exécution promettaient de la part de son auteur d'autres chefs-d'œuvre ; mais l'exposition était encore ouverte qu'un accident déplorable mit fin à la carrière de l'artiste : il était à considérer un nouveau bâtiment non terminé, lorsqu'il se laissa tomber d'une grande hauteur et fut tué du coup, il n'avait que 23 ans, et laissa une jeune femme avec deux enfans pour pleurer sa mort. Ce tableau a été gravé par la suite avec beaucoup de sentiment par Robert Graves ; cette gravure a été publiée à Londres par MM. Moon, Boys et compagnie, pour être vendue au profit de la veuve et des orphelins de Lane. Puisse cette vente réaliser la louable attente de ces éditeurs bienveillans !

THE ENTHUSIAST.

We have here an amusing exemplification of the power which a habit of riding a hobby-horse, as Sterne calls it, accquires over the individual who resigns himself to that pleasing delusion. A true brother of the angle is suffering from a visitation of gout, and, to ordinary minds, this would amount to an absolute prohibition of any favourite pastime ; but this enthusiastic disciple of Isaak Walton has sought, and found in his fertile imagination, a resource that enables him to disappoint the malicious intentions of the unwelcome intruder. A brewing vat, filled with water, and, we may be sure, furnished with an adequate number of the finny tribe, enables him in spite of the gout to enjoy his accustomed recreation even at his fire side ,and he watch-es the cork float with a full reliance on the certainty of sport.

This cabinet picture appeared at Somerset House in 1828 , and the legitimate humour in its conception together with the manual power evinced in its execution warranted high expectations of future excellence : the exhibition was yet open when a melancholy event put an end to the career of the artist, who in examining a new and unfinished building fell from a great height and was killed on the spot, aged 23 years leaving a young wife and two infants to deplore his loss. The picture has been subsequently engraved with much feeling by Robert Graves, and the print is published by Moon, Boys and Co. of London with the intention of applying the profits to the benefit of the widow and father-less children : may its sàle realize the most sanguine expec-tations of the benevolent projectors.

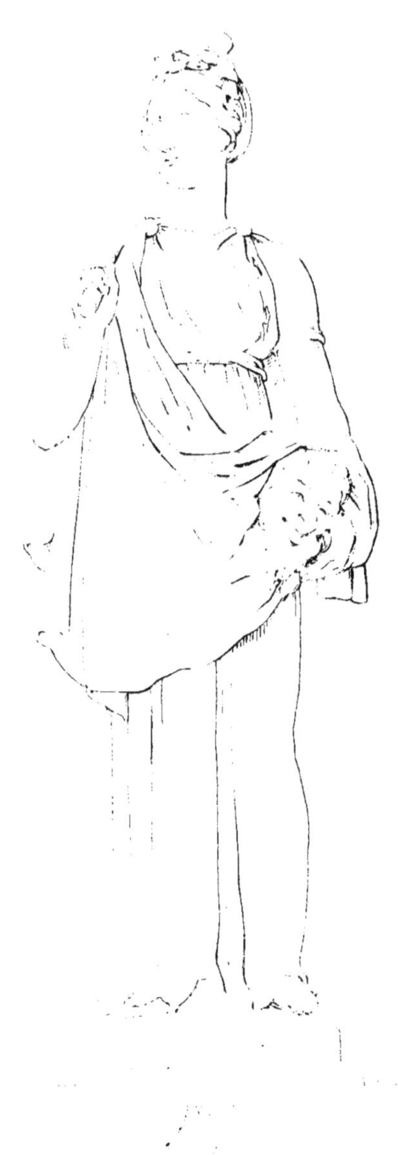

LA COMÉDIE.

Cette belle statue représentant Thalie, muse de la Comédie et de la poésie lyrique, orne la façade du théâtre de Covent Garden à Londres. Elle est couronnée d'une guirlande de lierre, elle a des sandales à ses pieds et porte un masque, son attribut ordinaire.

Elle est dessinée avec finesse et élegance, et est bien en rapport avec le reste de la sculpture de l'édifice qui est de belle pierre.

COMEDY.

This beautiful statue of the muse Thalia or Comedy occupies a niche in the Front of Covent Garden Theatre, London. She is represented crowned with a chaplet of Ivy, she has Sandals on her feet, and holds a Pedum or pastoral crook, her usual attributes. It his designed with much elegance and beauty, and together with the rest of the sculpture on the same Edifice, is executed in fine stone.

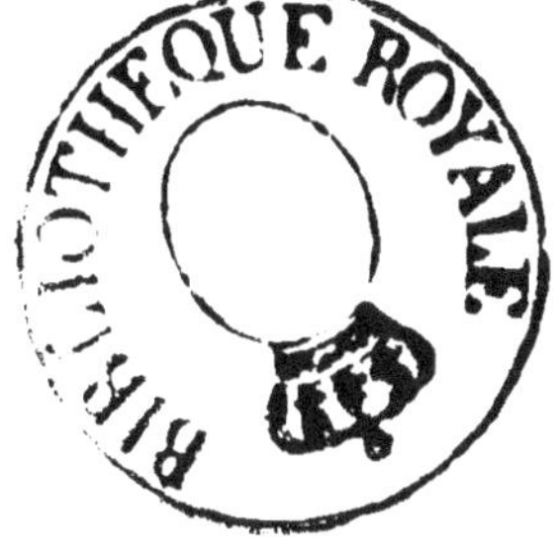

WEST.

LE CHEVAL PALE DE L'APOCALYPSE.

… trouve le sujet de ce beau tableau dans le VIe. cha-… de l'Apocalypse de saint Jean : « Lorsqu'il eut ouvert … quatrième sceau, j'entendis la voix du quatrième ani-…al, qui dit : venez et voyez. En même temps, je vis pa-…itre un cheval pâle ; et celui qui était monté dessus s'ap-…elait la Mort, et l'enfer le suivait ; et le pouvoir lui fut …onné sur les quatre parties de la terre pour y faire mourir …s hommes par l'épée, par la famine, par la mortalité, … par les bêtes sauvages. »

…e roi de la terreur est placé au centre, armé de dards …i lance de tous côtés, il règne dans sa contenance et son …on une énergie surnaturelle, son coursier sans bride …ance avec violence, renversant et foulant tout à ses …s, sans distinction d'âges ni de conditions ; il est suivi du …non de l'enfer. A droite est le cheval blanc décrit dans la …ne vision, auquel il fut donné une couronne et un arc et *…partit en vainqueur pour continuer ses victoires ;* près de lui …le guerrier avec la grande épée monté sur le cheval roux ; …rière ceux-ci est le cheval noir dont le cavalier tient une …ance. A gauche les hommes combattent des bêtes féroces …résentent un groupe plein de mouvement. Ce tableau de …ort est le plus grand qu'ait fait West ; le dessin qu'il en … lorsqu'il était dans la force de son talent lui valut les …anges de gens de mérite. Ce ne fut qu'au déclin de sa vie, … qu'il fut privé de sa pension, à laquelle il avait droit et … soutenait sa vieillesse, qu'il le peignit ; il fut exposé en …lic en 1818. Lors de la vente de ses tableaux en 1829, il … acheté 2000 guinées (52,500 fr.) pour être transporté en A…érique.

DEATH ON THE PALE HORSE.

THE subject of this sublime picture is found in the VI Chapter of the Revelations. « And when he had opened the fourth seal, I heard the voice of the fourth beast say, come and see. And I looked, and behold a Pale Horse. And his name that sat on him was Death, and Hell followed with him. And power was given unto him over the fourth part of the earth, to kill with the sword, and with hunger, and with death, and with the beasts of the earth. »

The king of terrors is placed in the centre armed with irresistible darts that strike on every side, his countenance and action express a supernatural energy, his unbridled steed rushes onward with the wildness of the tempest, trampling down alike all ages and conditions; he is closely followed by the monstrous progeny of Hell. On the right is the Rider on the white Horse, described as part of the same vision, to whom a crown and a bow was given to go forth conquering and to conquer; at his side is the warrior with the great sword mounted on the Red horse, and behind these figures advances the Rider on the Black Horse holding the balances. On the left is an animated group, representing the conflicts of men with the wild beasts of the forest.

Death on the Pale Horse is the grandest of West's productions; the sketch was struck out in the full maturity of his mind, and received the unqualified praise of all whose opinions were valuable: towards the close of his life, when deprived of the pension on which he had relied for support in his old age, he painted it on a large scale, and in 1818, it was finished and exhibited to the public. It was bought, at the sale of his pictures in 1829, for 2000 guineas to be taken to America.

211.

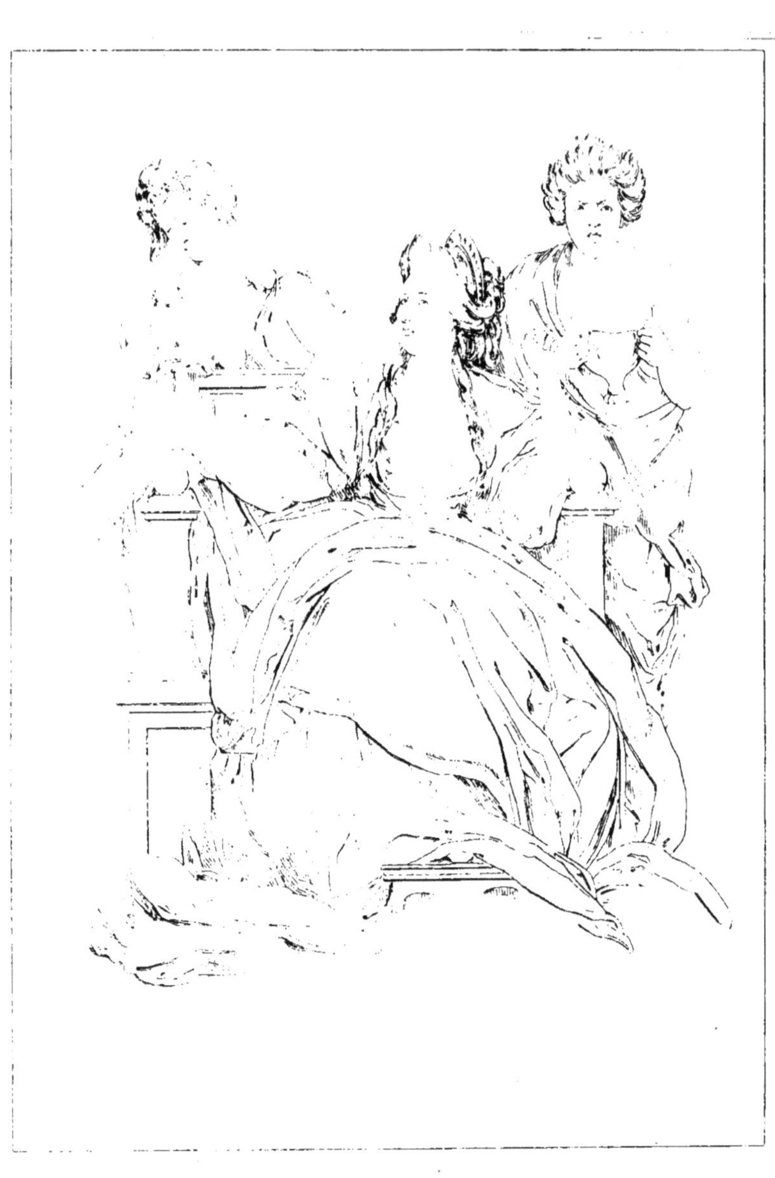

M^{rs}. SIDDONS EN MUSE TRAGIQUE.

On place ce portrait au nombre des plus beaux ouvrages de Reynolds. Barry a dit que, pour l'idée et l'exécution, c'était la plus belle peinture du monde. « Le lien qui unissait Reynolds à Michel-Ange, a dit Lawrence, était la grandeur des idées et la noblesse de l'exécution. On n'a pas besoin d'autre preuve pour voir dans ce tableau de M^{rs}. Siddons un ouvrage d'un caractère éminemment épique et le plus beau portrait de femme qui existe. »

De quelque source que le peintre ait pris sa première idée, il a uni dans sa composition la grâce à la dignité, qualités qui vont rarement ensemble et qui, jointes à la richesse de la couleur et à l'harmonie qui règne dans l'ensemble, en font une des plus belles. Sir Josué Reynolds vendit ce tableau à M. Calonne, pour une somme qui a été diversement rapportée; M. Desenfans l'acheta ensuite pour 700 livres sterling (17,500 fr.), et le céda à M. Smith Esq. pour une plus forte somme. M. D. en fit faire une bonne copie par Score, élève de Reynolds, et qui se trouve maintenant dans la collection Bourgeois, à Dulwich; on a souvent pris cette copie pour l'original. Ce dernier, à la vente de M. W. Smith, fut acheté par G. Watson Taylor Esquire, 1050 livres sterling (26,250 fr.); il devint ensuite la propriété du marquis de Westminster, au prix de 1760 livres sterling (44,000 fr.). Il a été gravé plusieurs fois; la meilleure gravure est celle de T. Haward.

M^{rs}. SIDDONS IN THE TRAGIC MUSE.

This portrait is among the most celebrated works of Reynolds; Barry has characterized it as « both for the ideal and the excecutive the finest picture in the world » ; Lawrence, appealing to the conduct and sentiment of this production as an answer to those critics who questioned the sincerity of the first president's admiration of Michael Angelo, says, « the link that united him to Michael Angelo was the sense of ideal greatness, the nobless of all percep-tions. We want no other evidence of its truth than his picture of M^{rs}. Siddons, a work of the highest epic character, and indisputably the finest female portrait in the world. » A less enthusiastic writer traces a more obvious connexion, and remarks, that Reynolds « seized as a model for his design the prophet Joel with his two attendant figures » from the great Florentine's work in the Vatican.

From whatever source the painter derived his first idea the composition unites a grace and dignity rarely to be met with, and combined with its harmonious richness of colour and splendour of effect entitle it to rank with the finest produc-tions of any school. It was sold by sir Joshua to M. Calonne for a sum that has been variously stated, it was then ac-quired by M^r. Desenfans at the expence of 700 l. and trans-ferred by him to W. Smith Esq. for a more valuable consi-deration ; M^r. D. however had it carefully copied by Score, sir Joshua's pupil, which copy is now in the Bourgeois col-lection at Dulwich, where it has been frequently mistaken for the original. The latter, at the sale of M^r. W. Smith's col-lection, was bought by G. Watson Taylor Esq. for 1050 l. and it has subsequently become the property of the marquis of Westminster at the price of 1760 l. It has been repeatedly engraved, the first and best plate is by T. Haward.

RÉVOLTE DE LONDRES, EN MDCCLXXX.

En 1780 un bill fut présenté à la chambre du parlement pour abolir certains articles d'une loi concernant les personnes professant la religion catholique. Lord George Gordon, membre fanatique de la Chambre des communes, travailla surtout avec ardeur à enflammer l'esprit du peuple contre cette mesure; et, sous le prétexte d'un grand zèle pour l'église établie, des troubles de tous genres eurent lieu à Londres, tels qu'on n'en vit jamais dans ce pays. Durant le cours de cette révolte, soixante-douze maisons particulières, quatre prisons, plusieurs chapelles catholiques furent démolies; les dégâts et le pillage montèrent à une somme incalculable. Plusieurs jours s'écoulèrent avant que les magistrats, se réveillant de leur léthargie, autorisassent la force armée à agir avec vigueur, et à mettre ainsi fin aux scènes horribles de destruction et d'anarchie auxquelles Londres était alors en proie. Un grand nombre de volontaires prirent les armes : ce tableau fut peint pour rappeler leur zèle.

La scène se passe dans Broad-Street, vis-à-vis le bureau du receveur des denrées; un bataillon de la garde disperse les insurgés, dont une partie est occupée sur la gauche à piller une maison. L'officier qui le commande est sir Bernard Turner, et le soldat que l'on voit penché vers un blessé est sir William Blizard.

Une gravure faite par J. Heath rend bien ce tableau, qui malheureusement fut consumé par un incendie il y a quelques années.

RIOTS IN LONDON, MDCCLXXX.

In 1780 a bill to remove certain degrading restrictions from persons professing the catholic faith was introduced into the British Parliament. Lord George Gordon, a fanatical member of the house of commons, was particularly active in inflaming the minds of the lower classes against the measure; and, under pretence of zeal for the established church, a series of outrage and rioting took place that is without parallel in the history of the country. During these disgraceful proceedings seventy-two private houses, four prisons, and many catholic chapels, were demolished, and property to an incalculable amount destroyed; and several days elapsed before the magistrates awoke from their lethargy and, by authorizing the military to act with vigour, at length put an end to the frightful scenes of havoc and anarchy which London then presented. In that good service the London associated volunteers were actively conspicuous, and this picture was painted to commemorate their meritorious exertions.

The scene is laid in Broad street, looking towards the Excise Office, and represents the military dispersing the Rioters, several of whom are yet engaged in plundering a house on the left. The officer commanding is sir Bernard Turner, and the individual in uniform who is raising a wounded rioter, sir William Blizard.

A fine print by James Heath has preserved all that engraving could transmit of the picture, which was unfortunately consumed in an accidental fire some years ago.

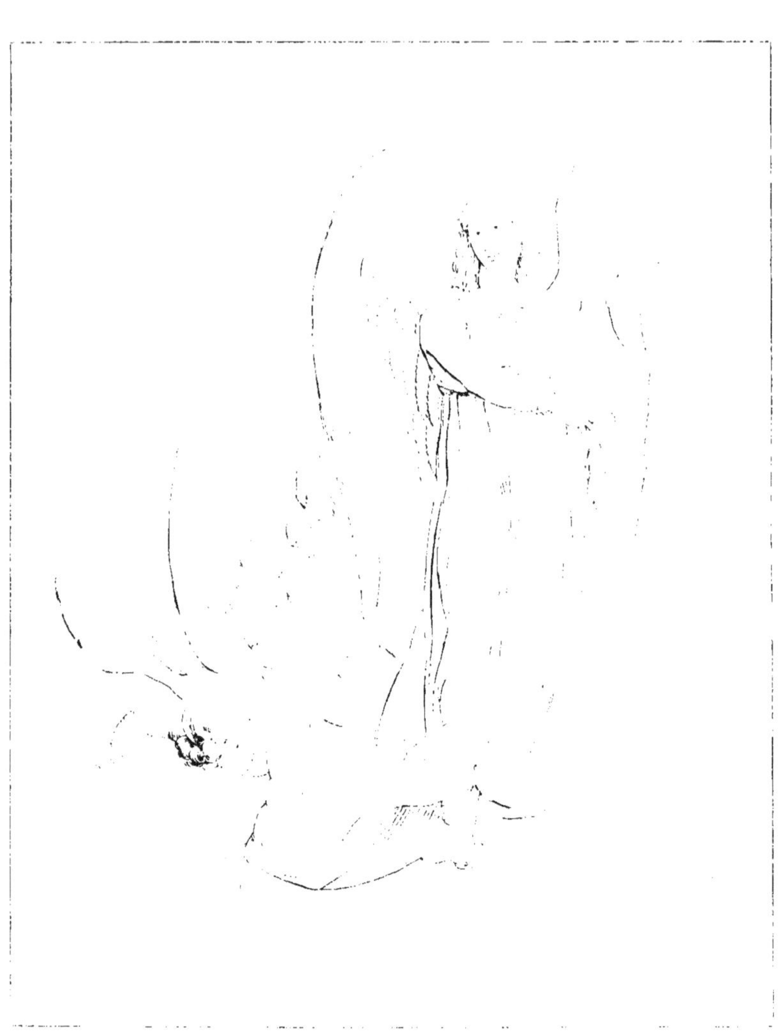

SATAN ET URIEL.

Satan, ayant résolu la perte de nos premiers parens, cherche sous une autre forme à éluder la vigilance de l'archange Uriel :

> D'abord il se déguise, et l'adroite imposture
> D'un ange lumineux lui prête la figure,
> Mais d'un ange qui siége au second rang des cieux :
> La céleste jeunesse étincelle en ses yeux,
> Répand sur tout son corps sa grâce enchanteresse ;
> De ses dehors trompeurs rien ne trahit l'adresse.
> L'or couronne son front, de ses cheveux mouvans
> Chaque boucle se joue et flotte au gré des vents ;
> Et de l'arc radieux des voûtes éternelles
> L'or, la pourpre et l'azur ont nuancé ses ailes.

DELILLE. *Le Paradis Perdu* de MILTON. Chant III.

Sous cette forme il se présente à Uriel qui, trompé par son extérieur et ses douces paroles, lui montre la terre et le lieu où Dieu a placé Adam et Ève.

La figure de l'ennemi du genre humain offre l'exemple d'un raccourcis gracieux. La dignité pleine d'aisance d'Uriel, le calme qui règne en lui et sa pose noble, forment contraste avec le mouvement vif du faux ange.

Ce tableau a été gravé par Bartolozzi.

SATAN AND URIEL.

Satan having resolved to attempt the destruction of our
first parents, seeks, in another form, to elude the vigilance of
the archangel Uriel :

> And now a stripling cherub he appears
> Not of the prime, yet such as in his face
> Youth smil'd celestial, and to every limb
> Suitable grace diffus'd, so well he feign'd :
> Under a coronet his flowing hair
> In curls on either cheek play'd, wings he wore
> Of many a colour'd plume sprinkled with gold.
>
> Milton's *Paradise Lost :* Book iii.

It this guise he accosts Uriel, who, deceived by his appearance and specious words, shows him the earth and points
out paradise, the abode of Adam and Eve.

This composition affords a pleasing example of graceful
foreshortening in the figure of the arch-enemy of mankind,
while the easy dignity of Uriel effectively contrasts, by its
calmness of movement and gesture, with the active motion
of the buoyant cherub. It has been engraved by Bartolozzi.

214.

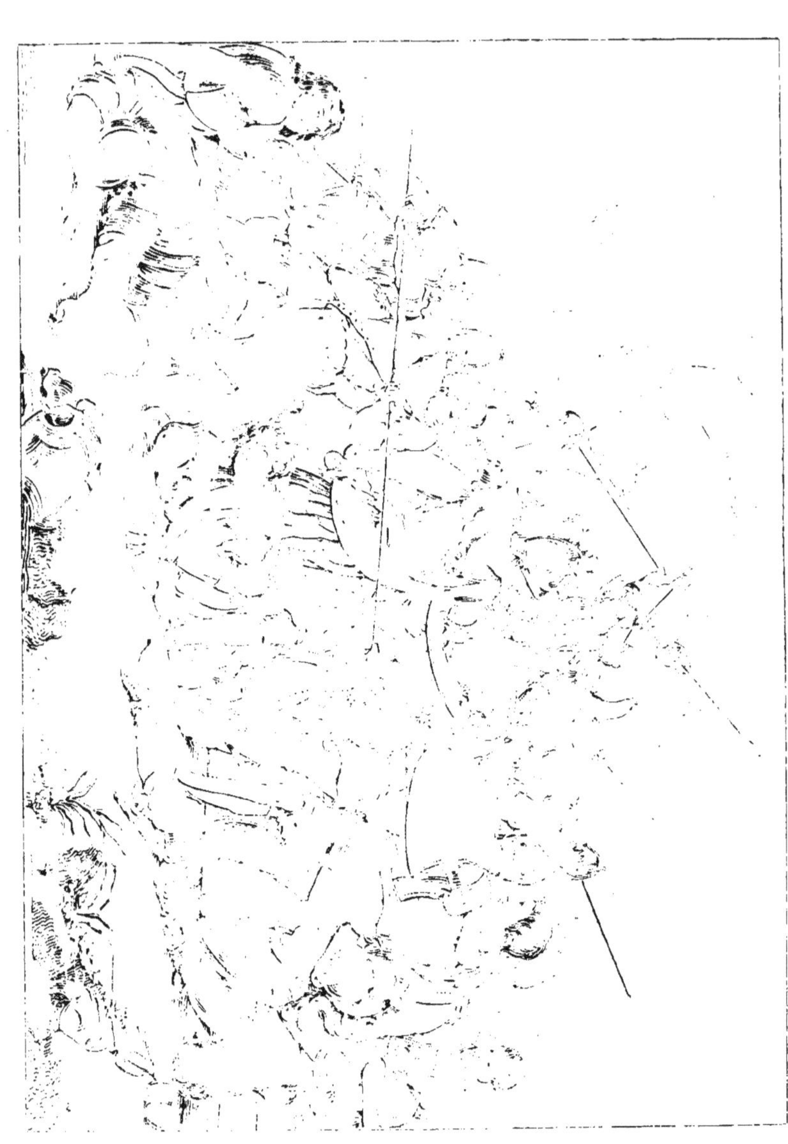

BATAILLE D'AZINCOURT.

Lᴀ bataille d'Azincourt eut lieu le 25 octobre 1415. Henri V commandait l'armée anglaise et prit une grande part à l'action. Le résultat fut fatal à l'armée française, qui perdit près de dix mille hommes, entr'autres les ducs de Brabant, de Bar, d'Alençon, et l'amiral de France. Les ducs d'Orléans et de Bourbon, les comtes d'Eu, de Vendôme et de Richemont furent faits prisonniers avec un grand nombre de Français. Seize cents Anglais environ furent tués ou faits prisonniers, y compris le duc d'York et le comte de Suffolk qui restèrent sur le champ de bataille.

Cette bataille est une des meilleures productions de Mortimer. Le dessin en est correct, le clair-obscur y est bien distribué. Shakspeare a parlé de cette bataille dans son drame de Henri V.

Ce tableau a été gravé à la manière noire par J. Burke.

BATTLE OF AGINCOURT.

The Battle of Agincourt was fought on October 25, 1415. Henry V commanded the english force and fully participated in the fatigues and dangers of the combat. The result was fatal to the french army, which lost near ten thousand slain, and fourteen thousand prisoners : among the former were the dukes of Brabant, Bar, and Alençon, the constable and admiral of France; the most distinguished of the prisoners were the dukes of Orleans, and Bourbon, the counts d'Eu, Vendôme, and Richemont. The english loss was estimated at sixteen hundred killed and wounded, including the duke of York, and the Earl of Suffolk, who fell on the field of battle.

This is one of Mortimer's best productions; the composition is masterly and the drawing correct, the light and shade is well distributed and there is a bustling reality throughout, that gives a good idea of the shock of battle; yet it may be remarked that there is little to indicate the conflict of Agincourt in particular beyond the castle standing hard by the scene of that memorable contest alluded to by Shakspeare in his drama of Henry V. This picture has been engraved in chalk by J. Burke.

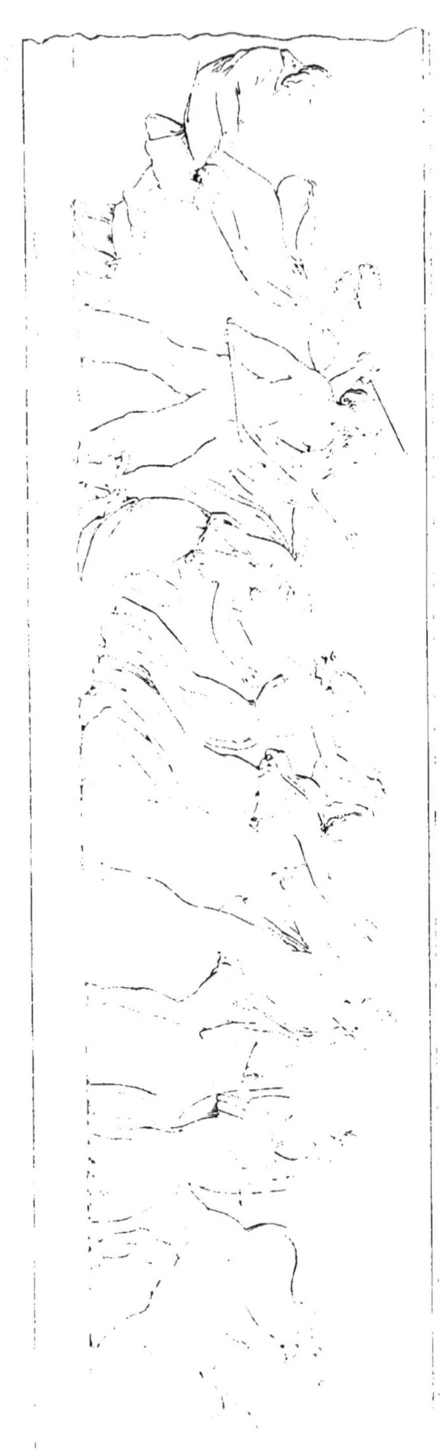

LE DRAME MODERNE, N°. II.

Cette partie de bas-relief , dédié au drame moderne, ne représente que des créations poétiques de Milton. Ce barde est à gauche dans l'attitude de la contemplation ; près de lui est Uranie, et à ses pieds Samson Agoniste enchaîné. Le reste des figures sont des personnages pris dans son *Masque de Comus ;* une femme est assise dans la chaise enchantée , ses frères courent à son secours et mettent en fuite une troupe de bacchantes et leur chef.

Cette planche complète la série des sculptures qui ornent le fronton du théâtre de Covent-Garden à Londres , et qui a été dessinée exprès pour l'École Anglaise. Cette série se compose de deux statues : la Tragédie et la Comédie qui ont paru dans les 24e. et 35e. livraisons ; et de deux bas-reliefs : l'ancien drame , divisé en deux planches , faisant partie des 20e. et 22e. livraisons ; et le drame moderne également en deux planches.

THE MODERN DRAMA, N°. II.

This portion of the basso relievo dedicated to the modern drama is filled with the poetic creations of Milton. The Bard is seen on the left in a contemplative attitude, near him appears the divine Urania, and, at his feet, Sampson Agonistes, blind and in chains. The remaining figures are taken from his masque of Comus; the Lady is seated in the enchanted chair, her Brothers rush to her succour and put to flight the train of bacchanalian revellers and their guilty leader.

This plate completes the series of engravings of the sculpture which decorates the principal or eastern front of Covent Garden Theatre, London, and which has been drawn expressly for The English School. It consists of two statues, Tragedy and Comedy, which appeared in n°ˢ. 24 and 35; and of two bassi relievi representing the ancient and modern drama. From the proportions of these compositions their division into two plates each was inevitable. Those belonging to the ancient theatre were given in n°ˢ. 20 and 22.

TABLE

DU TOME III.

DE

L'ECOLE ANGLAISE.

CONTENTS OF VOLUME III.

OF THE

ENGLISH SCHOOL

OF

PAINTING AND SCULPTURE.